KB235668

만들어진 조선의 영웅들

뒤집어보는 역사, 유쾌한 상상 1

만들어진 조선의 영웅들

초판 1쇄 인쇄 | 2010년 1월 4일
초판 1쇄 발행 | 2010년 1월 8일

지은이 | 이희근
펴낸이 | 홍석근

주 간 | 김관호
편집장 | 김정호
기 획 | 김희상, 최종은

펴낸곳 | 평사리 Common Life Books
신 고 | 313-2004-172(2004년 7월 1일)
주 소 | 서울시 마포구 신수동 448-6 한국출판협동조합 B동 2층
전 화 | (02) 706-1970
팩 스 | (02) 706-1971
Homepage | www.commonlifebooks.com
e-mail | jontong@jontong.co.kr
ISBN | 978-89-92241-16-8 (03910)

뒤집어 보는 역사
유쾌한 상상 — ❶

평사리
Common Life Books

조선의 **만들어진 영웅들**

시대를 풍미한 도적인가
세상을 뒤흔든 영웅인가

이희근 지음

지금이나 옛날이나 지도자들은 그의 성향이 보수적이든 급진적이든 대부분 민생, 즉 보통 사람들의 생활을 안정시키겠다거나 진전시키겠다고 주장해 왔다. 하지만 이들 지도자의 수사에는 과연 어느 정도의 진정성이 있었을까. 예컨대 서민과 중산층의 정당이라고 공언해 왔던 민주당 출신 김대중과 노무현 대통령의 집권 10년 동안 자신들의 공언과는 달리 부익부 빈익빈, 즉 양극화 현상은 보다 강화되었다.

12 · 12 쿠데타의 주역 중 한 사람인 노태우 대통령까지도 후보 시절 보통 사람들의 시대, 한마디로 기득권층이 아닌 보통 사람들이 주인이 되는 시대를 만들겠다고 공약했을 정도이다. 이명박 대통령도 이른바 부자감세, 즉 대기업과 고소득층에 큰 혜택이 돌아가는 법인세, 종합소득세 등의 감세를 단행해놓고도 친서민 정책을 추진하고 있다고 하는 실정이다.

이렇게 오늘날 지도자들은 보수적이든 개혁적이든 자신들의 정치적 수사와 달리 민생의 개선은커녕 안정조차도 실현하지 못했다. 그럼 이 책에서 다룬 조선시대 지도자들 역시 우리에게 개혁가로 알려져 있든, 아니면 우리가 혁명가로 받아들이고 있든 간에 백성의 이익을 정말 대변했을까.

당시 기록들에 따르면 대도大盜에 불과한 홍길동, 임꺽정, 장길산 등이 오늘날 조선시대 3대 의적으로 받아들이는 데 결정적 역할을 한 것은 모두 소설에 의해서였다. 예컨대 허균은 자신의 『홍길동전』에서 홍길동을 기묘한 계략과 도술로써 지방 수령들의 불의한 재물을 탈취하여 빈민에 나누어 주는 활빈당의 우두머리로 그렸다. 임꺽정도 홍명희가 그의 소설 『임꺽정』에서 부패한 지배층에 결연히 맞선 혁명아로 그렸던 것이다.

명종 때 황해도를 중심으로 활동한 임꺽정과 그 무리는 관아를 공격하거나, 관리들을 살해하는 등 공권력에 공공연히 도전하는 행위도 서슴지 않았다. 공권력에 대한 이런 대담한 도전 행위는 그들을 단순한 도적 무리로 규정짓는 것이 무리임을 말해 준다. 하지만 임꺽정과 그 무리가 도탄에 빠진 백성을 구제하기 위해 부당한 공권력에 맞서는 과정에서 이런 일이 발생했다면 모르거니와 이런 행위가 모두 정당화될 수는 없는 것이다. 실제 그들은 단순히 동료 구출을 목적으로, 자신들을 지키기 위한 자위적 차원에서 관리들을 살해하거나 관아를 습격하였던 것이다.

역사상 실재했던 홍길동도 당시 기록에 따르면 연산군 때의 대표적인 도적 우두머리에 불과했다. 이런 홍길동이 의적 또는 활빈당의 우두머라 이미지로 전환되는 데에는 허균의『홍길동전』이 큰 역할을 수행했다. 그런데 허균이 소설 속에 그린 홍길동 역시 기존 질서와 그 질서 유지자인 조선 왕조를 부정하는 것도, 최소한 이에 대항한 것도 아니었다. 다만 소설 속의 홍길동은 비록 백성들을 침탈하지는 않았지만 부패한 관리들의 불의에 맞서 싸운 인물 정도인 것이다. 그의 율도국도 백성이 주인이 되는 나라가 아니라 조선 왕조와 같은 또 하나의 왕조 국가이다.

그럼 오늘날 혁명가로 각인된 전봉준과 홍경래의 진면목은 어떨까. 사실 홍경래는 이씨 왕조는 멸망하고 정씨 왕조가 흥기한다는 유언비어를 이용하여 이씨 왕조인 조선 왕조를 타도하고 정씨 왕조를 세워 권력을 일거에 장악할 목적으로 반란을 일으킨 인물이다. 새 왕조인 정씨 왕조 역시 백성이 아닌, 새 왕조 창업에 기여할 엘리트의 이익을 보장해 줄 조선 왕조와 같은 왕조 체제에 불과한 것이다.

1894년 동학농민운동 당시 동학군은 지배층의 억압과 수탈이 없는 새 세상이 도래할 것이라는 열망으로 운동에 열정적으로 참여하였다. 하지만 전봉준의 생각은 이들의 이런 열망과는 괴리가 있었다. 그는 당시 국왕인 고종이 어진 군주인데 권력자들의 전횡으로 나랏일이 파탄에 이르는 것으로 보고, 이들 권력자만 제거하면 민생이 안정될 것으로 인식한 인물이었다.

박지원 역시 오늘날의 통념과는 달리 봉건계급 타파를 주창한 신분해방론자가 아니라, 노비제도 강화론자인 정약용처럼 양반 특권 체제 옹호자에 불과했다. 잘 알려진 대로 정약용 등 실학자들이 여러 개혁안을 제시한 것도 사실이다. 당시 이들은 만성적인 빈곤 상태에 처한 농민들이 반란을 일으키면 양반 특권을 보장한 조선 왕조가 곧 붕괴될 것으로 인식하였다. 따라서 실학자들은 조선 왕조 체제를 유지하기 위해서 양반층의 기득권 일부를 양보하는 개혁을 추진하고자 제안했다.

실제 대원군은 실학자들의 여러 개혁안 가운데 일부를 받아들여 개혁을 단행하였다. 실학자들의 경고대로 대원군 집권 1년 전인 1862년에 삼남지방을 중심으로 일어난 농민반란은 조선 왕조의 존립 그 자체를 위협했다. 따라서 대원군은 백성들의 원망 대상인 탐관오리 처벌, 서원 철폐 등 백성들의 피해를 완화시키려는 조치들도 추진했다. 하지만 그는 국가 재정의 핵심 부분인 토지세와 관련된 구조적 폐단을 없애려는 시도조차도 하지 않았다.

다만 그는 왕실의 권위를 높이고 왕권을 강화하는 데 주력했다. 대원군이 무리하게 경복궁을 중건한 것이 그 대표적인 사례일 것이다.

물론 당대 양반 지배층의 눈에는 박지원을 비롯한 실학자들, 나아가 대원군이 자신들의 기득권 일부를 없애려고 하였거나, 실제 없앴던 개혁가로 보일 수도 있다. 한편으로 양반층은 전봉준, 임꺽정 등을 자신들의 기득권 그 자체를 파괴하려고 하였던 반역자, 오늘날의 표현으로 하면 혁명가로 간주하였다. 그러나 동시대 보통 사람들의 입장에서 보면 이들 지도자는 자신들의 고통을 다소 완화시켜주려고 하였거나, 오히려 고통만 안겨주었던 인물에 지나지 않았다.

한마디로 조선의 이들 지도자는 당대 보통 사람의 눈으로 볼 경우에 백성의 이익을 소극적이거나 적극적으로 대변하였다는 오늘날의 상식이나 통념과는 달리, 결코 그러지 않았다는 것이다. 지은이의 이런 견해가 또 다른 오류를 범하는 것이 아닌지 우려도 있지만, 이 책이 역사의 실체에 접근하는 데 조금이나마 도움이 되기를 바랄 뿐이다.

의적 임꺽정과 도적 임꺽정, 그 괴리

조선 후기의 저명한 학자 이익은 조선 왕조의 3대 도적으로 홍길동, 임꺽정, 장길산을 들었다. 그런데 오늘날 한국인들은 이들 모두를 조선시대 3대 의적으로 알고 있다. 공교롭게도 세 사람이 의적으로 받아들이는 데 결정적 역할을 한 것은 모두 소설에 의해서였다.

소설 속 의적들

그 가운데 역사상 실재했던 홍길동은 당시 기록에 따르면 연산군(1494~1506) 때의 대표적인 도적 우두머리에 불과했다. 가령 『연산군일기』* 6년 10월조의 "듣건대, 강도 홍길동을 잡았다 하니

* 연산군 재위 12년(1494~1506)간의 실록(實錄). 1505년(중종 1)에 편찬이 시작되어 1509년에 완성되었다. 연산군이 임금의 자리에서 폐위되어 군(君)으로 봉해진 까닭에 일기라 한다.

기쁨을 견딜 수 없습니다. 백성을 위하여 해독을 제거하는 데 이보다 큰 것이 없었습니다."라는 내용은 그가 의적이 아닌 한낱 강도임을 입증해 주는 단적인 기록일 것이다.

그런데도 허균은 자신의 『홍길동전』에서 그를 기묘한 계략과 도술로써 지방 수령들의 불의한 재물을 탈취하여 빈민에 나누어 주는 활빈당*의 우두머리, 즉 의적으로 바꾸어 놓았다.

임꺽정도 "도적들〔임꺽정 무리〕이 해주海州에서 평산平山 지방으로 들어가 대낮에 민가 30여 곳을 불태우고 많은 사람을 살해하였다."라는 『명종실록』 명종 16년 10월조 등 당시 기록들에는 명종(1545~1567) 때 황해도를 중심으로 활동한 도적 우두머리로 적혀 있다.

일제시대 조선의 3대 천재 가운데 한 사람으로 꼽혔던 홍명희는 이런 임꺽정을 의적화했다. 홍명희는 그의 소설 『임꺽정』에서 그를 부패한 지배층에 결연히 맞선 혁명아로 그렸던 것이다.

숙종(1674~1720) 때 활동했던 장길산 역시 당시의 기록에 따르면 도적의 두목에 불과했다. 그 역시 황석영의 『장길산』에서는 새로운 세상을 꿈꾼 혁명아로 그려져 있다.

물론 그들 모두를 도적의 우두머리로 적고 있는 기록들은 지배

---

* 부자의 재물을 빼앗아다가 가난한 사람을 도와주기 위하여 결성된 도적의 무리.

층의 입장에서 서술한 것이기 때문에 이들 기록이 그 진정성을 제대로 반영하고 있는지에 대해 의문을 가질 수 있다. 따라서 홍길동을 비롯한 이들 3인과 관련된 당시 지배층의 기록들을 엄정하게 분석해야 할 것이다.

이들 가운데 그 활동 범위가 가장 광범위했고 그 무리도 가장

실록이란

한 임금이 재위한 동안의 역사를 날짜 순서대로 기록한 책이다. 고려시대에도 초기부터 사관(史館)을 설치하고 역대 왕들의 실록을 편찬했다. 하지만 고려시대의 실록들은 『고려사』 등을 편찬할 때 충주 개천사(開天寺)에서 서울로 옮겼으나, 그 뒤 어떻게 되었는지 행방을 알 수 없고 오늘날 전해오지 않고 있다.

조선시대에 와서도 고려시대의 예에 따라 신왕의 즉위와 함께 실록청(實錄廳)이라는 임시 기구를 설치하여 앞선 왕의 실록을 편찬했다. 실록이 아닌 일기(日記)도 있다. 『노산군일기』, 『연산군일기』, 『광해군일기』 등이 그것이다. 이 왕들은 왕위에서 폐위되었기 때문에 당초부터 실록청 대신 일기청을 설치하여 편찬했다. 노산군은 숙종 때에 묘호(廟號 : 임금이 죽은 뒤에 생전의 공덕을 기리어 붙인 이름)가 추존되었기 때문에 『단종실록』이라고 부르나, 묘호가 추존되지 않은 임금의 것은 일기라 부른다.

많았기 때문에 조선 왕조에 가장 큰 위협을 미친 임꺽정은 과연 소설의 주인공 임꺽정처럼 의적이었을까? 아니면 그는 조선시대 기록들이 그리고 있는 것처럼 한낱 도적의 우두머리에 불과했을까?

임꺽정은 1559년(명종 14)부터 시작해서 체포되어 처형당한 1562년까지 3년 이상 황해도를 중심으로 평안·경기·강원 지역에서 활약했던 조선시대의 대표적인 도적 우두머리였다. 그는 경기도 양주 출신의 백정이었다. 백정은 도축 등을 생업으로 삼았다. 그는 신분적으로 천인賤人은 아니었으나, 천인보다 더 심한 사회적 차별을 받았다.

조선시대의 백정은 크게 재인, 화척, 달단 등 세 부류로 이루어졌다. 이 중 재인, 화척은 고려시대의 양수척에서 분화되었다. 양수척은 고려에 와서 살던 거란족의 후예로서 사냥, 도축, 공연 등의 직업에 종사하였다. 양수척 가운데 놀이 공연에 종사하던 일부가 먼저 재인으로 분화되어 나갔다. 그 뒤 양수척이 화척으로 개칭되었는데, 이들은 주로 사냥, 소나 말의 도축을 생업으로 삼았다. 바로 재인과 화척이 1440년(세종 5)에 일반 백성을 뜻하는 백정으로 개칭되었다. 몽골족의 후예인 달단도 그 직업이 화척과

유사해서 백정화되었다.

차별과 잘못된 정책이 도적을 만들다

조선 왕조는 건국 직후부터 강력한 중앙 집권 체제를 지향하였다. 그 결과 조선 왕조는 국가 재정 기반의 확충을 위하여 양인良人 확대 정책을 적극 추진하였다. 양인인지 천인인지를 판별하기 어려운 자는 양인으로 확정짓고, 양인 남자와 천인 여자가 결혼하여 낳은 자식도 양인으로 삼는 등 노비를 제외한 모든 구성원을 일률적으로 양인화하였다. 이는 세금을 부담하는 양인층을 가능한 많이 확보하려는 정책의 산물이었다. 이 와중에 백정도 법률상 양인 신분을 얻게 되었다.

따라서 조선 초기 양인에는 그 주축인 평민만이 아니라 위로는 문무 관료로부터 아래로는 신량역천인身良役賤人에 이르는 다양한 계층이 포괄되어 있었다. 하지만 법적으로 같은 양인이더라도, 특히 양반과 신량역천인 사이에는 엄청난 신분적 차별이 존재하였다.

신량역천인은 법률상 양인 신분이지만 천한 역賤役을 지고 있어서 천인에 가까운 대우를 받았다. 이들 천역은 고되었으나 국가의 신역(身役 : 나라에서 성인 장정에게 부과하던 군역과 부역) 체계 내에 포함되어 있었다. 때문에 이들은 양인의 주거지에서 함께 살았을 뿐만 아니라, 신분 상승의 기회까지도 주어졌다.

이들과 달리, 평민조차도 상종하지 않는 집단이 있는데, 바로 백정이었다. 사회적으론 백정은 더욱 심한 멸시를 받았다. 조선 시대 사람들은 백정을 야만인으로 취급하여 그들과는 혼인을 물론 자신의 거주지에서 살지 못하게 하는 등 심하게 차별하였다. 그 결과 백정은 양인의 거주지인 촌락의 외진 곳에 집단을 이루어 살아야 했다.

그 동안 천대를 받아온 백정이 정부의 양인화 정책만으론 갑자기 평민과 동등하게 대우받았을 수는 없었다. 실제 평민마저 이들과 같이 백정으로 불리기를 꺼려했다. 그 결과 일반 백성들조차 재인과 화척이 백정으로 개명된 뒤에도 이들을 '신백정'이라 하여 평민과 구별하여 부르기도 했다.

앞의 1440년 정부 조치는 백정의 오랜 생활 습속을 전혀 고려하지 않은 채, 재정 기반의 확충이란 정부의 이해관계만을 철저하게 반영한 것에 불과했다. 여기에서 바로 백정의 비극이 시작되었다.

전통적으로 백정은 유랑하면서 도축과 놀이, 공연 등으로 생활을 영위해 왔다. 그들의 이런 오랜 생활방식은 "양수척은 〔고려〕 왕조 초기에 있었고, 〔몽골의 침략으로〕 강화도로 옮겨갔을 때에도 있었으며, 재인이나 화척은 충렬왕 때에도 있었고, 공민왕 때에도 있었습니다. 멀리는 5, 600년 전에 있었고, 가까워도 몇 백 년 아래로는 떨어지지 않는데도 거문고를 타며 노래하는 풍습과 도축하는 일을 지금껏 고치지 못하고 있습니다."라는 조선 초기 학자인 양성지의 지적이 잘 보여주고 있다. 이처럼 백정은 고려 초기부터 유랑하면서 도축, 놀이, 공연 등으로 생활해 왔다.

범죄의 온상 백정, 그 대표 주자 임꺽정

결국 백정은 조선시대에 와서 유랑하면서 도축 등으로 생업을 유지해 왔던 그들의 전통적인 생활방식을 버리지 못한 채 범법자의 길로 나갈 수밖에 없었다. 소와 말의 도축은 백정의 주된 직업이었다. 하지만 도축 행위는 조선 왕조 개국과 함께 법으로 금지되었다. 아무리 국가에서 법적으로 금지하더라도 조상 대대로 이어져온 전래의 생활 습속을 하루아침에 바꿀 수 있겠는가.

이후에도 정부에서는 지속적으로 도축 행위를 금지하는 명령을 내리었다. 때문에 백정은 정부의 연이은 도축 금지 조치로 생

망나니

사형수의 목을 벤 망나니가 그 대가로 돼지를 받아 집으로 가는 모습이다. 조선 초, 백정의 오랜 생활 습속인 도축과 유랑을 금지시킴으로써 백정은 범죄의 온상이 되어 버렸다.(작자와 연대 미상. 온양민속박물관 소장)

업을 잃자, 먹고 살기 위해 도축 등 생계형 범죄 행위에 나서게 될 수밖에 없었다.

이로써 백정은 범죄의 온상이 된 것이다. 이런 사정은 "도둑질과 강도질은 거의 대개가 재인과 백정이 하는 짓이다."라는 『성종실록』 성종 2년 2월조의 기록이 잘 보여준다. 또 같은 책 성종 20년 9월조의 "재인과 백정은 거의 모두가 도적이다."라는 기록도 그 단적인 사례일 것이다. 심지어 백정들은 도적을 색출하는 일만 생기면 도적으로 지목되기 때문에 쫓기는 신세가 될 정도였다. 이처럼 백정은 아예 범죄의 온상이 되어 버렸다.

사실 백정이 범죄의 온상이 된 것은 그들의 오랜 습속인 유랑조차도 범죄 행위로 간주하여 처벌한 데서 비롯된 측면이 크다. 가령 1422년(세종 4) 정부는 백정이 그들의 거주지를 벗어날 땐 반드시 일종의 여행허가증인 행장을 발급받아야 한다는 규정을 마련했다. 말할 것도 없이 이는 유랑성이 심한 백정을 가능한 농지에 얽매어 놓기 위한 조치였다. 이를 어길 경우 아주 심한 처벌을 받았다.

백정은 이렇게 정부의 도축 금지 조치로 전래의 생업을 잃었을 뿐만 아니라, 그들의 오랜 습속인 유랑만해도 처벌받게 됨으로써 범죄의 온상이 되어 버렸던 것이다.

이제 백정은 생존을 위해 정부의 조치대로 전통적인 생활방식을 버리고 살아가든지, 전래의 생활방식을 유지해 범죄자가 되든지 선택해야 했다. 후자의 대표적인 인물이 바로 임꺽정과 그 무리이다.

임꺽정이 활동하던 무렵, 외척 윤원형[*] 등이 발호해 정치가 문란해졌다. 게다가 관리들의 수탈이 심해지고 여러 해 동안 흉년이 계속되어 백성들의 생활이 극도로 어려웠다. 『명종실록』편찬자까지 이런 사회 현상을 개탄할 정도였다.

사관史官[*]은 논한다. 도적이 성행하는 것은 수령의 가렴주구 탓이며, 수령의 가렴주구는 재상이 청렴하지 못한 탓이다. 지금 재상들의 탐오〔貪汚 : 욕심이 많고 하는 짓이 더러움〕가 풍습을 이루어 한이 없기 때문에 수령은 백성의 고혈을 짜내어 권력자를 섬기고 돼지와 닭을 마구 잡는 등 못하는 짓이 없다.

이 사관은 윤원형과 같은 훈구파의 발호에 분개하는 사림파의

* 윤원형은 조선 중기의 문신(?~1565)으로, 명종의 모후인 문정왕후의 동생이다. 1546년(명종 1)에 문정왕후가 수렴청정할 때, 을사사화를 일으켜 많은 사림파를 죽이거나 조정에서 몰아냈다. 뒤에 문정왕후가 죽자 실각하여 관직을 빼앗기고 귀양 가서 죽었다.

사림파와 사화 士禍

16세기를 전후하여 사림이라는 새로운 정치 세력이 성장하였는데, 이들은 도덕과 의리를 바탕으로 하는 왕도정치를 강조하였다. 과거를 통하여 중앙 정계에 새로 진출한 사림파는 훈구파의 잘잘못을 비판함으로써 그들의 독주를 견제하였다. 훈구파는 세조의 집권 이후 공신으로서 권력을 계속해서 장악하고 왕실과 혼인 관계를 맺으면서 성장한 세력이었다.

성종(1469~1494)은 훈구파를 견제하기 위해 사림파를 중용하였기 때문에 두 세력은 균형을 유지할 수 있었다. 하지만 성종에 이어 즉위한 연산군은 훈구와 사림 두 세력을 모두 누르고 왕권을 강화하였다. 특히 사림파의 비판 활동에 대해 극히 부정적이었다. 그 결과 연산군이 주도한 무오사화와 갑자사화를 겪으면서 사림파 대부분은 중앙 정계에서 제거되었다.

연산군을 몰아내고 즉위한 중종(1506~1544)도 훈구파를 견제하기 위해 조광조를 중용하면서 사림이 다시 대거 정계에 진출하였다. 하지만 중종의 즉위에 공을 세운 훈구 대신들의 반격으로 사림파는 다시 큰 타격을 입었다. 이 사건을 기묘사화라고 한다.

그 뒤 중종은 훈구 대신들을 견제하기 위해 다시 사림을 등용하기도 하였으나, 명종이 즉위하면서 윤형원 등 외척과의 권력 투쟁으로 사림 세력은 또다시 중앙 정계에서 대거 축출되었다.

일원임에 분명하지만, 수령의 가렴주구와 재상들의 탐오를 도적 성행의 원인으로 들은 그의 비판은 혜안이라 하지 않을 수 없다. 당시 권력자는 공공연히 벼슬을 팔아 수령들로 하여금 백성을 수탈하도록 조장하였던 것이다.

명종이 즉위한 후 을사사화가 일어나 비판 세력인 사림파는 중앙 정계에서 거의 제거된 상황이었다. 이로써 윤원형을 비롯한 외척 출신인 훈구 세력은 사림파의 견제도 받지 않은 채 정국을 주도하면서 온갖 불법 행위를 자행하였다.

이러한 불법 탐학 행위의 여파는 최하층인 백정을 비롯한 가난한 백성들의 생활 기반부터 파산케 하였다. 이처럼 생활 기반을 잃은 사람들은 정든 고향을 떠나 일정한 터전과 직업조차 없이 이곳저곳 떠돌아다녔다. 이들 가운데 일부는 도적질을 생계 수단으로 삼았는데, 그 대표적인 인물이 바로 임꺽정이었다.

임꺽정과 그 무리는 황해도 구월산 등 험한 산간지대를 주요 거점으로 삼아 활동했다. 활동 무대는 점차 평안도, 강원도, 개성과 서울 등으로 확대되었다. 활동 무대가 넓어짐에 따라 그의 명성이 점차 높아지자 그 무리도 많아졌다.

그들은 이들 지역의 마을을 습격하여 재물을 빼앗았다. 또한 길목을 지키고 있다가 상인 등을 습격하여 그들이 지니고 있던 물건을 약탈했다. 그리고 서울과 평양 간 도로를 비롯한 여러 교통로를 장악하여 운반 중에 있던 토지세 등 세금도 빼앗았다.

임꺽정 무리는 상인을 가장하여 이렇게 마련한 재물을 팔며 활동을 이어갔다. 심지어 이들은 황해도에서 빼앗은 물건을 서울로 가져가 팔기도 했다.

1560년 10월 정부는 임꺽정 무리의 활동 무대가 서울과 가까운 개경에까지 이르자, 이들을 체포하는 자에 대해 양인의 경우는 상으로 관직 등을 주며, 역졸·공사노비 등에게는 그 신역을 면해주거나 천인에서 해방시켜 주는 동시에 도적의 재산을 주겠다고 했다. 이와 함께 정부는 선전관[*] 정수익을 비롯한 군 지휘관들을 파견해 지방군과 합류하여 임꺽정과 그 무리에 대한 토벌 작전을 펼치었다. 하지만 이들은 임꺽정 무리에게 패배를 당했다.

그 이듬해에 와서 임꺽정 무리의 활동 범위는 황해도를 넘어 경기도 북부, 평안도, 강원도 지역에까지 미쳤다. 그러자 정부는 선전관보다 한 단계 높은 토포사[**]로 남치근과 김세한을 임명해

[*] 조선시대 병조에 속했던 무관 벼슬아치로, 왕을 시위하고 왕의 명령을 전달하는 역할을 주로 하였다.
[**] 조선시대 각 지방의 진영에서 산적이나 화적을 수색하고 체포하는 일을 맡아보던 벼슬아치로, 처음에는 수령이, 후에는 진영장이 겸직하였다

임격정 무리의 주요 활동 지역

봉산, 서흥, 평산, 안성을 중심으로 한 임격정 무리의 본거지는 중국과 서울을 연결하는 교통
요지로, 공물의 운송과 사람의 왕래가 빈번한 곳이었다. 약탈한 물건을 개경과 경기 북부의 교
통로를 따라 서울에까지 가서 처분하기도 하였다. 또한 이 지역은 황해도 문화, 재령, 해주, 구
월산 지역과 강원도, 경기도, 평안도를 잇는 방사형의 중심이기도 했다. 관군의 추격을 피해 강
원도 이천이나 평안도 성천, 양덕, 맹산으로 피하기도 하였다. 지도는 1750년대에 제작한 것으
로 보이는 〈해동지도〉 제8책에 실려 있는 필사본 조선전도인 〈대동총도大東摠圖〉의 일부로 조
선 초기의 지도 윤곽을 가지고 있다.(서울대학교 규장각한국학연구원 소장)

28

각각 황해도와 강원도에 파견해 지방군은 말할 것도 없이 중앙군까지도 동원해 임꺽정을 잡으려 했다.

임꺽정은 어떻게 활동 첫해에는 지방군, 그 이듬해부터는 중앙군까지 합세한 군사들의 삼엄한 경계망에 맞서 무려 3년 동안 활약할 수 있었을까? 아무리 험난한 산악 지형을 이용한 유격전술을 구사하였다고 하지만, 이런 막대한 군사와 맞서 3년 이상이나 생존하는 것은 무리일 수밖에 없었다.

백성들이 임꺽정을 신고하지 않은 이유

이렇게 임꺽정과 그 무리가 장기간 활약할 수 있었던 것은 일부 학자들이 주장하는 것처럼, 백성들이 그들을 의적으로 여겨 정보와 은신처를 제공해 주었기 때문인지도 모른다. 당시 백성들이 이들을 신고하지 않은 것은 사실이지만, 적어도 『명종실록』에 따르면 자신들의 이해를 대변하는 의적으로 여겼기 때문이라기보다는 이들의 보복을 두려워했기 때문이다.

『명종실록』의 "황해도 각 지방의 서리와 백성으로서, 도적을 고발하여 체포하게 한 자도 도적들의 복수로 죽임을 당하였으니 모두 지극히 참혹합니다."라는 기록은 임꺽정 무리가 자신들을 고발한 하급 관리와 백성들을 참혹하게 보복했음을 보여 주고 있다.

이런 보복기사는 또 있다.

또 듣건대, 한 백성이 도적 무리를 고발한 일이 있었는데, 하루는 들에 나가 나무를 하다가 도적들에게 붙잡혔습니다. 도적들이 살해하려 하자, 그의 아들이 산 위에 있다가 이를 보고는 달려와서 도적들에게 말하기를 '너희들을 고발한 것은 아버지가 아니라 나이고, 아버지를 대신하여 죽기를 바란다.' 고 하였습니다. 도적들은 곧 그 아비를 놓아주고 그 아들을 결박하여 마을의 집에 도착하여 밥을 짓게 하고는 둥그렇게 둘러앉아 배를 갈라 죽이고 갔다고 합니다.

당시 백성들은 임꺽정 무리의 보복도 두려웠지만, 자신들의 재산만 약탈하지 않는다면 굳이 이들을 고발할 필요가 없었다. 당시의 집권층 자체가 임꺽정 무리보다 더 큰 도적이었으므로 자신들에게 피해만 입히지 않는다면 이들의 활동을 고소해 하면서 즐기고 있었는지도 모른다.

당시 실권자인 윤원형 등에 대해 사관은, "윤원형과 심통원은 외척의 명문거족으로 물욕을 한없이 부려 백성의 이익을 빼앗는 데에 못하는 짓이 없었으니, 큰 도적이 조정에 도사리고 있는 셈이라, 그 하류들도 휩쓸려 이익을 추구함에 있어 남에게 뒤질세라 야단임은 물론 자기만 알고 임금은 생각하지도 않게 되었다."라면서 조정의 큰 도적이라고 비판하고 있는 실정이었다. 상황이 이러했으니 백성들에게는 굳이 임꺽정을 고발할 당위성이 없었다.

임꺽정 무리는 대낮에 마을을 습격하여 약탈하는 등 그 대담함이 유례를 찾기 힘들었다. 이들은 고위 관리를 사칭하여 수령들을 골려주거나, 관아의 옥문을 부수고 동료들을 구출하거나, 관리들을 살해하는 등 공권력에 공공연히 도전하는 행위도 서슴지 않았다.

공권력에 대한 이런 대담한 도전 행위는 그들을 단순한 도적으로 규정짓는 것이 무리임을 말해 준다. 백정 출신인 임꺽정의 국가기관에 대한 도전은 그가 의도했든 그렇지 않든 왕조 체제에 대한 도전이기 때문이다.

'도적'과 '의적' 사이에 진실은 무엇일까

그렇다고 해서 공권력에 대한 모든 도전 행위가 정당화되는 것은 아니다. 임꺽정 무리가 가령 프랑스혁명처럼 어떤 새로운 사상을 가지고 새로운 사회를 건설하는 과정에서 이런 일이 발생했

길목을 지키는 도적과 봇짐을 벗어 던지고 도망가는 행인의 모습
한말 풍속화가인 기산箕山 김준근의 풍속도로 윌리엄 칼스William Richard Carles의 『한국
에서의 생활*Life in Corea*』(New York : Macmillan, 1894)에 실린 도판 중 하나이다.

다면 모르거니와 단순히 도둑질의 대상이 국가기관이었다는 이
유만으로 이들의 행위가 정당화될 수는 없는 것이다.

개성부의 관리 이억근은 군사 20여 명을 거느리고 새벽에 임꺽
정의 소굴을 기습하다가 죽음을 당했는데, 그는 평소에 도적을
추적하여 체포하는 일에 적극적이라 하여 임꺽정이 미워했던 인
물이었다. 부장(部將 : 조선시대 포도청 등에 속해 있던 무관) 연천령도 선전
관 정수익 등과 함께 5백여 군사를 거느리고 임꺽정을 체포하러
구월산에 들어갔다가 살해되었다.

이런 사례는 자신을 지키기 위한 자위권 차원의 우발적인 일들
인데, 임꺽정은 계획적으로 봉산 군수 이흠례를 살해하려 하기도
했다. 이흠례가 황해도 신계 현령으로 있을 때, 임꺽정 잔당을 많
이 체포해 죽였기 때문이다. 하지만 이 계획은 사전 발각되어 실
패하고 말았다. 어쨌든 현직 수령을 살해하려 한 이 사건은 임꺽
정 무리의 대담성을 보여 주는 한 사례이다. 이런 사건들은 그들
의 대담성을 보여 주는 것임에는 틀림없지만 그들의 행위에 정당
성을 부여하는 근거는 아니다.

조선시대 임꺽정에 관한 모든 기록 역시 그를 의적이 아니라
도둑으로 기록하고 있다. 물론 이런 기록들은 모두 양반 계급이
서술한 것으로서 백정 출신인 그의 행위를 지지할 리는 만무하다

는 점은 감안해야 할 것이다.

그러나 임꺽정 등의 발호를 부패한 집권층 때문이라고 주장한 사람은 사건 당시의 사관뿐만이 아니었다. 유명한 의병장 조헌도 임진왜란 발생 3년 전인 선조 22년(1589) 4월 1일 상소문을 올려 임꺽정 사건을 거론했다.

논평하는 사람은 '옛날에는 하나의 윤원형이 꺼림 없이 탐욕을 부려 흉포한 자를 임용하자, 안으로는 임꺽정의 난을 빚어냈고 밖으로는 을묘왜변*을 초래하였다' 고 하였습니다. 그런데 지금은 백 사람의 윤원형이 있어서…… 이때보다 심한 경우가 없었으므로 장차 사나운 도적이 국내에서 선동하여 결국 왜적의 침입을 막아내기 어렵게 될 것입니다. 지금 과연 바다를 에워싼 왜적이 발동하지 않는 지방이 없지만 자못 살인을 금하고 있으니, 이는 그 우두머리에게 반드시 깊은 계책이 있는 것으로서 평민을 해치는 임꺽정과는 다른 자입니다.

이처럼 조헌은 임꺽정의 행위를 윤원형 폭정의 산물로 규정했으나 그 역시 임꺽정을 평민을 해치는 도적의 두목 이상으로 보지는 않았다. 그러면 홍명희는 왜 소설 『임꺽정』에서 그를 의적으

---

* 1555년(명종 10)에 전라남도 해남군에 있는 달량포에 왜선 60여 척이 쳐들어온 사건.

로 그랬을까?

그 근거는 당대의 기록으로는 앞서 인용한 『명종실록』 사관의 "도적이 성행하는 것은 수령의 가렴주구 탓이며, 수령의 가렴주구는 재상이 청렴하지 못한 탓"이라는 분석과 "윤원형과 심통원은 외척의 명문거족으로 물욕을 한없이 부려 백성의 이익을 빼앗는 데에 못하는 짓이 없었으니, 큰 도적이 조정에 도사리고 있는 셈이라"는 기술에서 찾을 수 있다.

벼슬아치들의 탐학이 심해지면서 생활의 파탄에 다다른 백성들은 관리를 살해하고 고위관리를 사칭하여 수령들을 골려 주거나, 관아를 습격하여 감옥을 부숴 버렸던 임꺽정 무리의 행적을 미화하게 되었던 것도 홍명희가 그를 의적으로 그리는 데 이바지했을 것이다.

임꺽정은 비록 정부군에 체포되어 처형되었지만, 백성들의 마음속에는 부패한 권력에 대항한 의적으로 살아남아, 백성들의 입에서 입으로 전해졌을 것이고 홍명희는 이런 구전설화를 장편소설 『임꺽정』에서 의적으로 형상화하였을 것이다.

더구나 사회주의자였던 홍명희는 당시의 식민지 체제에 대한 모순을 폭로하는 수단의 하나로 임꺽정을 선택한 것이다. 결국 의적 임꺽정은 의적이냐 도적이냐의 사실 여부를 넘어 그릇된 시

林巨正傳

碧初 洪命憙 作　夕影 安碩柱 畵

（1）　一、머리말슴

신문에 첫 연재된 홍명희의
『임거정전林巨正傳』
처음 연재된 이래 여러 차례 중단되었
다가 미완의 상태로 머물고 말았다.
봉단鳳丹·피장皮匠·양반·의형
제·화적 등 5편으로 구성되어 있고,
특히 백성의 생활상을 생생히 묘사하
고 언어 구사가 탁월하여 연재가 시작
되자 각계각층의 찬사를 받았다. (조선
일보 1928년 11월 21일 5면)

대가 낳은 하나의 산물일 따름이다.

이런 임꺽정과 함께, 이익이 조선시대의 3대 도적으로 지목한 홍길동과 장길산 역시 임꺽정처럼 도적의 우두머리에 불과했을까? 홍길동은 다음 장에서 자세히 다루기로 하고 여기서는 장길산의 실체에 대해서 살펴보기로 한다.

장길산이 활동한 숙종 때는 전국 각지에서 도적떼가 창궐한 시기였다. 임진왜란을 겪고 난 뒤 조선 후기의 백성들은 부패한 벼슬아치와 양반의 억압과 수탈, 횡포 등으로 농토를 빼앗기거나 스스로 농토를 버리고 이곳저곳 떠돌아다녔다.

특히 조선 후기의 극심한 자연재해는 이런 유리현상을 더욱 가속화시켰다. 당시에는 대규모 기근이 평균 3~6년에 1회 정도로 발생하였다. 이들 유민 가운데 일부는 도적이 될 수밖에 없었다. 당시 기록들에서도 전국 각지에 도적이 들끓는 원인을 참혹한 흉년으로 파악하고 있다.

국왕 숙종조차도 "오호라 일이 이 지경에 이르렀으니 어찌 할 수 없다. 나는 지금 조정 대신들과 밤낮으로 생각하고 헤아려 보아서 어공〔御供 : 임금에게 바치는 물건〕을 줄이고, 한편으로 낭비를 줄여 구제의 계략을 강구하려 한다. 간절히 원컨대, 그대들은 굶주림을 참고 추위를 참아서 각각 처자식을 보전하고 행여나 흩어지지 말며, 혹시라도 도적질하지 말라. 내가 어찌 식언하겠는가?”

고 호소할 정도였다.

이러한 국왕의 호소문만으로는 효과를 기대하기란 애초부터 불가능하였다. 도적이 전국 곳곳에서 창궐하였기 때문이다. 도적은 대부분 유민들로 구성되었다. 그들은 한군데 모이면 도적이 되는 상황이니, 도적에 관한 보고서가 매일 국왕 비서실인 승정원에 쌓일 수밖에 없었다. 그 대표적인 도적이 바로 장길산이었다.

장길산 역시 도적에 불과했나

그러면 장길산은 과연 의적이었을까. 현재까지 장길산에 대한 정보를 제공하고 있는 자료로는 『숙종실록』, 『추안급국안推案及鞫案』*, 『성호사설』 등이 있다. 물론 이들 자료에는 그의 실체를 밝힐 수 있을 만큼 충분한 정보가 담겨있지 않다.

『숙종실록』에는 그에 대한 기록이 두 군데 나오는데, 그 가운데 하나는 이러하다.

* 조선시대에 역모를 꾀하거나 반란을 일으킨 중죄인에 대한 조사와 판결문을 모은 책이다. 포도청을 거쳐 온 중죄인은 의금부로 넘겨져 임시로 선정된 위관(委官)의 신문을 받아 임금의 재가를 얻어 최후 판결을 받았다. 이 책에는 1601년(선조 34)부터 1905년까지 약 300여 년 간에 일어난 각종 사건과 관련된 신문 조서 등이 포함되어 있다.

이때 도둑의 괴수 장길산이 양덕(陽德) 땅에 숨어 있었다. 포도청에서 장교를 보내어 덮쳐서 체포하도록 하였으나 관군이 놓쳐 버렸다. 대신이 그 고을 현감을 죄주어 다른 고을들을 경계하도록 청하니 임금이 허가하였다.

여기서 확인할 수 있는 것은 왕이 참여한 조정회의에서 그의 체포 문제를 논의할 정도로 그가 당시 창궐하던 도적 중 대표적인 인물이었다는 사실 정도이다.

그런데 『숙종실록』의 또 다른 기록에는 그가 의적으로 평가받을 만한 정보가 담겨져 있다. 이 기록은 이영창이라는 인물의 역모 사건 재판기록을 압축하여 정리한 것으로, 그 상세한 내용은 조선 시대 역적 등의 중죄인을 신문하기 위하여 설치하던 임시 관아인 국청의 재판기록인 『추안급국안』에 실려 있다.

그 내용은 대략 이러하다. 운부라는 승려의 주도하에 수십 명의 승려들이 전국의 승려 세력을 모으고 장길산 무리와도 연결을 맺고 지방의 유력자들도 포섭하여 조선만 아니라 중국까지 전복하고 각각 '정씨 왕조'와 '최씨 왕조'를 건국하려 하였다는 것이다.

그러나 그 재판 결과는 운부의 존재, 승려 세력의 결집 등이 대부분 허구로 드러났고, 사건의 실체는 이영창이 서울의 몇몇 양

1974년 7월 11일부터 1984년 7월 5일까지 『한국일보』에 2,092회에 걸쳐 연재되었던 대하 역사소설이다. 『숙종실록』, 『추안급국안』, 『성호사설』 등에 단편적으로 언급되어 있는 장길산의 행적을 역사학계의 연구성과를 길 안내 삼고 실록과 야사 등의 기록을 참고하여 소설로 재구성한 것이다. (한국일보 1974년 7월 11일)

반 서얼과 노비 출신 인물들을 모아 역모를 시도한 정도에 불과한 것으로 밝혀졌다.

결국 운부의 존재, 승려 세력의 움직임 등이 허구로 판정된 만큼 그들이 역모 때에 장길산 무리를 동원하려 했다는 내용도 허구에 지나지 않았다. 실제 주모자 이영창은 장길산이 어디 있는

지조차 알지 못했는데도 불구하고 단지 자신의 계획을 과장하기 위해서 이렇게 둘러댄 것으로 판명이 났다.

그 역모 사건의 진상은 대부분이 허구로 드러났지만, 숙종은 장길산과 관련하여 국청에 다음과 같은 지시를 내렸다.

극적 장길산은 날래고 사납기가 견줄 데가 없다. 여러 도에 왕래하여 그 무리들이 번성한데, 벌써 10년이 지났으나 아직 잡지 못하고 있다. 지난번 양덕에서 군사를 징발하여 체포하려고 포위하였지만 끝내 잡지 못하였으니, 역시 그 음흉함을 알 만하다. 지금 이영창의 진실을 관찰하니, 더욱 통탄스럽다. 그 말은 비록 그대로 믿기 어려우나 이 도적이 잡히기 전에는 나의 근심과 염려가 풀리지 않을 것이다. [그러니] 반드시 여러 도에 은밀히 타일러 경계하여 있는 곳을 상세하게 정탐하게 하고, 별도로 군사를 징발해서 체포하여 뒷날의 근심을 없애는 것도 의논하여 아뢰도록 하라.

이렇게 국왕 숙종조차도 운부 등 승려 세력이 역모를 도모하는 데 장길산 집단을 동원하였다는 이영창의 말을 믿지 않았다. 하지만 당시 국왕 숙종을 비롯한 집권 세력에게 그의 체포 문제가 주요 현안 중 하나였을 정도로 당시 창궐하던 도적들 가운데 대표적인 인물이 바로 장길산인 것은 분명하다.

한마디로 현재 접할 수 있는 정보에서는 역사상 실재했던 장길산은 소설의 주인공처럼 새 세상을 꿈꾸었던 의적이었음을 입증할 만한 어떠한 근거도 찾아볼 수 없다. 다만 조선 후기 저명한 학자 이익의 지적처럼 그는 홍길동, 임꺽정과 함께 조선시대 3대 도적이었다는 사실 정도이다.

참고문헌

- 『명종실록』
- 『선조실록』
- 『성종실록』
- 『성호사설』
- 『숙종실록』
- 『연산군일기』
- 『추안급국안』

- 이준구, 「조선시대 백정의 전신 양수척, 재인·화척, 달단」, 『조선사연구』 9, 2000.
- 이준구, 「조선전기 백정의 습속과 사회·경제적 처지」, 『조선의 정치와 사회(최승희 교수 정년기념논집)』, 2002.
- 이준구, 「조선 초기 백정의 범죄상과 제민화 시책」, 『대구사학』 56, 1998.
- 정석종, 『조선후기사회변동연구』, 일조각, 1983.
- 한희숙, 「16세기 임꺽정 난의 성격」, 『한국사연구』 89, 1995.

강도 홍길동, 메시아 홍길동

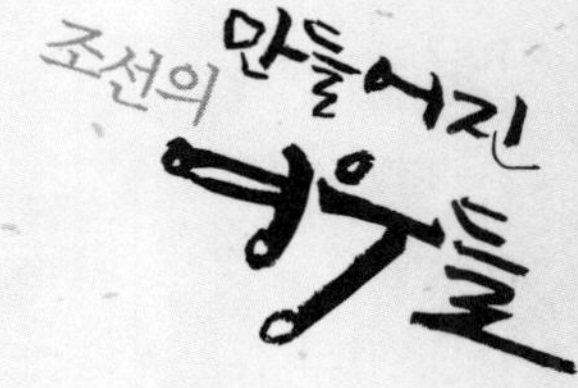

홍길동은 우리나라에서 세종대왕이나 충무공 이순신만큼 유명한 인물이다. 하지만 홍길동이 실존 인물인가를 물어 보면 선뜻 대답하기가 쉽지 않다. 과연 홍길동은 실존 인물인가?

이 질문에 대답하기 위해 허균이 지었다고 전해지는 『홍길동전』의 내용을 살펴보자. 이 책에 따르면 서자 출신의 홍길동은 활빈당 두목이다. 허균은 조선 왕조를 무대로 삼아 『홍길동전』을 그려냈다.

「홍길동전」의 홍길동

잘 알려진 대로 조선 왕조는 유학을 통치 이념으로 삼았다. 그런데 유학의 교리는 중국에서는 사회 및 정치 이론에 불과했지만 조선 왕조는 철저히 준수했다. 이에 따른 피해자는 양반 엘리트 가운데 여성만이 아니라 서자도 포함되었다.

허균은 자신의 스승인 이달(1561~1618)이 단지 서자 출신이라는 이유만으로 양반계층이 누리는 특권에서 배제된 것을 보며 고통스러워했다. 그래서 그는 자신의 글 「유재론遺材論」에서 "고금古今이 멀고 세상이 넓지만 서얼 출신이라 하여 그 현명함을 버리고 어머니가 재가하였다고 해서 그 재주를 쓰지 않은 것은 듣지 못하였다. 하지만 우리나라는 그렇지 아니하여 어머니가 천한 출신이고 개가한 자손은 모두 관직에 나갈 수 없다. …… 모든 인재가 나라의 쓰임이 되지 않을까 염려할 판에 도리어 인재등용을 막고 '인재가 없다. 인재가 없다.'고 한다."며 서자 출신이라도 능력이 있으면 등용해야 한다고 강조하였다.

허균은 그 연장선에서 『홍길동전』을 지은 것으로 보인다. 그는 홍길동을 홍 판서의 노비 출신 첩인 춘섬의 소생으로 설정하였다. 어려서부터 도술을 익히고 장차 훌륭한 인물이 될 기상을 보인 홍길동은 아버지를 아버지라 부르지 못하는 노비 출신의 소생이라는 한을 지니고 있다.

길동의 비범한 재주는 일부 집안사람들을 불안하게 한다. 특히 부친의 또 다른 첩인 초란은, 자신은 아들이 없는데 춘섬이 길동을 낳아 홍 판서의 총애를 받자 길동을 없애기로 마음먹는다. 초란은 홍 판사 부인의 묵인 하에 자객을 시켜 길동을 없애려고 하지만 길동은 신통력으로 위기에서 벗어난다.

집을 떠나 도적의 소굴로 들어가 우두머리가 된 홍길동은 기묘한 계략과 도술로써 지방 수령들의 불의한 재물을 탈취하여 빈민에게 나누어주되 백성들의 재산은 절대 손대지 않았다. 그 뒤 길동이 율도국의 왕이 되어 나라를 잘 다스린다는 것이 소설의 줄거리이다.

오늘날 한국인에게 각인된 홍길동의 이미지는 허균의 『홍길동

허균(1569~1618)은 조선 중기의 문인이자 학자이었다. 그의 가문은 대대로 학문에 뛰어난 집안이어서 아버지 엽, 두 형인 성과 봉, 그리고 누이인 난설헌 등이 모두 시문으로 이름을 날렸다. 허균은 26세 때인 1594년(선조 27)에 과거에 합격했다. 그는 공주목사 등 관직 생활을 하는 동안 여러 차례 반대자의 탄핵을 받아 파면되거나 유배를 당했다.

한때 허균은 당대의 실력자였던 이이첨과 결탁하여 인목대비 폐모론(廢母論)을 주장하면서 광해군의 신임을 받아 의정부 좌찬성 등 고위직을 역임했으나, 역모를 기도했다는 혐의로 죽음을 당했다. 역적으로 몰린 까닭에 그의 저작들은 대부분 불태워지고 일부만이 남아 전한다.

전』에서 제시한 이미지와 동일한 것이다. 즉 홍길동은 의적의 이
미지를 지닌 영웅인 것이다.

실록에 보이는 홍길동의 실제 모습

그러나 실록에 보이는 홍길동은 그리 바람직한 모습은 아니다.
역사상에 실재하는 홍길동은 연산군 때의 대표적인 도적 우두머
리였다.

『연산군일기』에는 "듣건대, 강도 홍길동을 잡았다 하니 기쁨을
견딜 수 없습니다. 백성을 위하여 해독을 제거하는 데 이보다 큰
것이 없습니다."라는 기록이 있다. 이처럼 실록의 기록은 홍길동
을 '강도'로 묘사하고 있는 것이다.

그러나 홍길동은 단순한 강도가 아니었다. 의금부*의 신문관은
홍길동에 대해 이렇게 보고한다.

강도 홍길동이 옥정자〔玉頂子 : 갓 꼭대기에 옥으로 만들어 단 장식〕

---

* 조선시대에 임금의 명령을 받들어 왕족의 범죄, 반역죄, 모반죄, 삼강과 오륜을 심하
게 훼손한 죄 등 중죄인을 신문하는 일을 맡아 하던 관아.

와 홍대[紅帶 : 겉옷에 두르는 붉은색의 띠] 차림으로 첨지라 자칭하며 대낮에 떼를 지어 무기를 가지고 관청에 드나들면서 꺼림 없는 행동을 자행하였습니다.

그는 밤에 몰래 활동하던 단순한 강도가 아니라 정3품 무관직 첨지 행세를 하던 간 큰 강도였던 것이다. 심지어 홍길동은 경상도 동래의 현령을 지낸 당상관 엄귀손을 매수해 권력자의 비호를 받아 활동했던 인물이기도 하다.

당시 연산군은, "엄귀손은 비단 홍길동의 뒤를 봐주는 사람일 뿐 아니라 바로 같은 무리이다. 이 같은 행동이 있는데도 어떻게 벼슬이 당상관에까지 올라간 것인가."라고 탄식하기도 했다.

연산군이 쫓겨난 후 『중종실록』에는 재상 장순손이 홍길동을 신문했던 당시의 사정을 증언하고 있는 기록이 실려 있다.

홍길동의 무리들은 신이 찰리사[察理使 : 군사와 관련된 업무를 위하여 지방에 파견하던 임시 벼슬, 또는 그런 벼슬아치]로 가서 신문했는데, 홍길동이란 자가 당상관의 복장을 했기 때문에 수령도 그를 존대하여 그의 세력이 치성하게 되었습니다. 그래서 길동이란 자를 의금부의 감옥에서 조사했던 것입니다.

　　홍길동은 당상관 행세를 하며 부하들을 거느리고 다녔기 때문에 지방 수령들조차도 그를 극진히 대접하였던 것이다. 원래 강도사건은 포도청에서 다루게 되어 있으나, 그는 체제를 흔든 국사범 취급을 받아 역모나 사대부들과 관련된 사건 등을 취급하는 의금부에서 조사했던 것이다.

　　또한 『중종실록』에 따르면 호조에서, "충청도는 홍길동이 도둑질한 뒤로 일정한 거처가 없이 떠돌아다니는 사람들을 정착시키지 못하고 양전(量田 : 고려와 조선 시대 토지세 징수 목적으로 토지의 넓이를 측량하던 일)을 오래도록 하지 않았으므로 세금을 거두기가 실로 어렵습니다."라는 보고를 하고 있다.

　　이런 현상은 홍길동이 체포된 지 10여 년이 지났음에도 그 사건의 여파가 남아 있었음을 보여 주는 것이다. 실로 충청도 일대에 끼친 홍길동 무리의 영향은 대단했던 것이다.

　　문제는 연산군(1494~1506) 때 활약했던 도둑 홍길동과 허균 소설 속의 홍길동이 같은 인물인가 하는 점이다. 허균 소설의 홍길동(洪吉童)은 실록에서는 홍길동(洪吉童), 또는 홍길동(洪吉同)이라고 기록하여 아이 동(童)자와 같을 동(同)자를 혼재하고 있다. 이런 현상은 홍길동이 정확한 한자 이름을 갖지 못한 신분이 미천한 인물이었음을 말해 주는 것이다.

선조와 광해군 때 활약했던 허균은 약 100여 년 전인 연산군 때의 홍길동에 대해서 알고 있었을까? 그가 생존했던 선조 21년(1588)에도 홍길동의 이름은 『조선 왕조실록』에 등장한다.

이전 왕들 시절에는 정승을 잘 가려 뽑아 풍속이 순박하고 아름다워 강상의 변〔강상(綱常)은 삼강(三綱)과 오상(五常)을 아울러 이르는 말. 곧 사람이 지켜야 할 도리를 이른 말로 이와 관련된 죄를 강상의 변(變)이라 함〕이 없고, 다만 홍길동과 이연수〔1531년(중종 24)에 부모를 살해한 자〕 두 사람이 있었을 뿐이었기 때문에 항간에서 욕을 할 때는 으레 이 두 사람을 그 대상으로 삼았는데, 지금은 정승을 할 만한 사람을 얻지 못하여 풍속이 어그러지고 무너져 강상의 변이 곳곳마다 일어나므로 홍길동과 이연수의 이름으로 욕하는 자가 없어졌다고 하였습니다.

이 기록을 보면 홍길동은 그리 아름다운 이름이 아니라 욕으로 사용되었던 저간의 사정을 말해 준다. 이름이 욕으로 사용된 홍길동과 의적 홍길동 사이에는 많은 괴리가 있는 것이 사실이다. 그 괴리는 그가 의적으로 알려지게 된 활빈당과의 관계에서 메워 보아야 할 것이다. 홍길동이 활빈당의 두목이었다는 사실이 밝혀

진다면 그는 의적의 반열에 오를 수 있기 때문이며 현존하는 이미지가 사실이 되기 때문이다.

그러나 적어도 기록상으로는 실존 인물 홍길동이 활빈당의 두목이었다는 정보가 전혀 없다. 다만 그의 이름은 조선 후기에도 여러 형태로 나타나고 있는데 그 중에는 조선 후기의 저명한 학자 이익의 평가도 있다.

옛날부터 충청도에는 큰 도둑이 많았다. 그 중에 홍길동이란 자가 있었다. 그로부터 세월이 많이 흘러서 어찌되었는지 잘 모르나, 지금에 이르기까지 그의 이름이 시정 아이들의 맹세하는 구호에까지 들어 있다.

연산군 때의 강도 홍길동은 100여 년 후인 선조(1567~1608) 때에는 욕으로 통용되다가, 그 후 약 150여 년이 흐른 영조(1724~1776) 때에는 시정 사람들의 맹세하는 구호, 즉 영웅적인 이름으로 그 이미지가 변화하였다.

한마디로 조선 전기의 실존 인물이었던 홍길동은 중기를 지나 후기로 이르면서 욕에서 맹세의 대상으로 승격한 것이다. 그가 어떤 과정을 거쳐 백성들의 영웅으로 되었는지는 불분명하지만 활빈당과 관련한 기록은 조선 후기에도 여전히 존재하지 않는다.

도둑 홍길동을 의적으로 각색한 사람들

그러나 그가 욕의 대상에서 맹세의 대상으로 변화하는 과정은 주목할 만한 것이다. 이는 조선 후기 들어 파탄에 달한 백성들의 생활 기반과 관련이 있는 것이다. 부패한 정치에 좌절한 백성들은 조선 전기의 유명한 강도 홍길동을 부패한 관료나 부호들을 처벌하고 그 재산을 빈민들에게 나누어주는 의적 홍길동으로 변화시켜 대리 만족을 얻은 것이다.

이렇게 해서 강도 홍길동이 메시아 홍길동으로 부활한 셈인데 그 배경에는 조선 후기의 부패한 정치구조가 있었다. 백성들은 홍길동을 자신들의 한을 대신 풀어줄 영웅으로 인식하기 시작한 것이다. 이런 이미지의 전환 과정에 허균의『홍길동전』은 중요한 역할을 한 것이다.

소설 속의 홍길동은 조선 후기 백성들이 영웅으로 삼을 만한 요소를 고루 지니고 있는 존재이다. 천한 노비 신분의 소생도 그렇거니와 손오공처럼 자신의 분신을 조작하여 탈출하거나 하늘을 나는 신통력을 지닌 점도 그렇다. 그리고 고통에 찌든 현실에서 벗어날 수 있는 이상향 율도국도 백성들을 매료시킬 만한 소재였다.

활빈당 活貧黨

기록상 16세기 후반에 지어진 허균의 『홍길동전』에 나오는 활빈당의 최초 존재는 역사상 1886년(고종 23)에 등장한다. 이 소규모의 집단은 충청북도 음성에서 활빈당이란 무리 이름으로 일시 활동한 적이 있다.

이후 활빈당으로 자기들의 무리 이름을 지은 집단이 1900년 2월경 충청남도 일대에서 봉기한 뒤, 충청북도 · 경기도 · 강원도 · 영남 · 호남 등 남한 각지로 그 세력이 파급되어 1904년까지 치열한 투쟁을 전개하였다.

활빈당에는 동학농민군과 화적(火賊) 출신들이 많이 가담해 있었다. 출신지는 일정 지역에 한정된 것이 아니라 여러 지역에서 모인 혼합 부대였다. 이들은 대개 수십 명으로부터 크게는 7~8백 명으로 조직되었다.

활빈당의 투쟁 대상은 지배층이었고, 그 구체적인 대상은 탐관오리와 부정 축재한 부호였다. 관아나 부호를 기습하거나, 요구 조건을 미리 통지하고 통고 시각에 나팔을 불고 총을 쏘면서 들이닥치기도 하였다.

악질 수령과 부호들을 경우에 따라서는 살해하기도 했다. 빼앗은 금품은 주로 가난한 사람들에게 고루 나누어주었다. 이러한 행동은 활빈당의 목적이 부자의 재물을 거두어 가난한 사람들에게 베풂으로써 생계의 수준을 균등히 하려는 데 있었기 때문이다.

따라서 활빈당은 위정자들에 의해 모욕적으로 낙인찍힌 일반 도둑의 무리나 폭도가 아닌 의적이었던 것이다. 활빈당은 농민이나 행상인의 금품은 빼앗지 않았다. 이러한 점에서 대중들의 호응을 얻어 그 세력을 대중 속에 뿌리박을 수 있었다.

정부가 크게 놀라서 각지의 지방군을 동원해 진압에 나섰다. 하지만 실효를 거두지 못하고 세력이 점차 확산되어갔다. 1900년에서 1904년에 걸친 5년 동안은 활빈당 활동의 최고조기였다. 1904년 한일의정서가 체결된 뒤 활빈당의 투쟁은 의병운동 대열에 흡수되어 반일무장투쟁의 핵심적 역할을 하였다.

雜報

◎ 南道活貧黨 洪州連山等地의 來信을 接훈즉 近日에 所謂活貧黨이라 ㅎ는 人이 騎馬帶銃ㅎ고 富民家에 亂入ㅎ야 或錢或穀을 隨意要索ㅎ야 貧民을 分給ㅎ는디 該黨類가 數千名이라더라

◎(忠北活貧黨)忠北來人이 傳說ㅎ되 聞慶延豊槐山等地에 所謂活貧黨이 千餘名式作黨ㅎ야 旗面에 活貧이라大書ㅎ고 富民家에 放銃突入ㅎ야 幾百幾千兩式剝奪ㅎ더라더라

◎ 문경 괴산등디에 소위 활빈당 이란 것이 쳔여명이 둔취ㅎ야 각기 총과 창을 가지고 활빈당이란 큰 긔를 가지고 다닌다 ㅎ눈 긔별이 잇고 츙쳥남도 각군에 눈 일홈업눈 도적 쳔여명이 사룸을 상ㅎ고 지물을 겁탈ㅎ기로 관찰ㅅ가 각군에 훈령ㅎ야 긔여히 혁착ㅎ라ㅎ고 또

활빈당에 대한 신문 기사

활빈당이 실재로 활동했던 기록은 구한말에 가야 나온다. 왼편 기사는 황성신문 1900년 3월 20일자로, 홍주·연천 등지에서 소위 활빈당이라 하는 사람이 기마대총하고 부민가富民家에 난입하여 금전이나 곡식을 빼앗아 빈민들에게 나눠주었고, 따르는 무리가 수천명이었다고 기록하고 있다. 가운데 기사는 황성신문 1900년 4월 9일자이고 오른편 기사는 제국신문 1900년 4월 9일자로, 문경과 괴산 등지에 활빈당 천여 명이 나타났다는 기사이다.

송유진의 반란

송유진은 서얼 출신으로, 임진왜란에 따른 혼란과 1593년(선조 26)의 대기근으로 굶주리는 백성과 병졸을 모아 충청도 천안과 직산 등지를 근거지로 하여 활동했다. 한때 그 무리가 2천여 명에 달할 정도로 세력을 떨쳤다. 그는 당시 서울의 수비가 허술함을 보고 이를 습격할 계획을 세우고 스스로 의병대장이라 칭하며, 아산과 평택의 병기를 약탈하여 1594년 정월보름날 서울에 진군할 계획이었으나, 이해 정월 직산에서 충청병사 변양준에 의하여 체포되어 죽음을 당했다.

이몽학의 반란

이몽학은 왕족의 서얼 출신으로, 임진왜란 중에 장교가 되었다. 그는 나랏일이 어지러움을 보고 충청도 홍산의 무량사에서 의병을 가장하여 군사를 조련했으며, 동갑회라는 비밀결사를 조직하여 친목회를 가장, 반란군 규합에 열중하였다.

그는 1596년(선조 29) 7월 그 무리를 동원해 홍산현을 습격하여 이를 점령하고, 이어 임천군 등 여러 고을을 함락한 뒤 그 여세를 몰아 홍주성을 공격했다. 하지만 홍주 목사 홍가신의 방어에 막혀 홍주성 점령은 실패로 돌아갔다. 그러자 반란군 가운데 관군과 내응하는 자가 속출, 반란군의 전세가 불리하게 되자 그의 부하들에 의하여 피살되었다.

허균이 활동하였던 시대에는 서얼 차별이 중요한 사회문제로 부각되었다. 선조 초기에 서얼 1천6백 명이 집단으로 자신들의 억울함을 국왕에게 호소한 사건은 당시 서얼문제가 얼마나 심각했는지를 보여 준다.

이후 정부는 쌓인 서얼의 불만을 달래주기 위해 적자가 될 수 있는 길을 열어두기도 했지만, 그 길은 너무 좁아서 많은 사람이 혜택을 입을 수 없었다. 임진왜란 와중에서 벌어진 서얼 출신 송유진과 이몽학의 반란은 적서차별의 한이 얼마나 뼛속 깊은 것인지를 잘 말해 준다.

1613년(광해군 5)에도 서양갑 등 7명의 서얼이 경기도 여주 강변에 모여 군신부자君臣父子의 의리를 끊는다는 의미로 자신들을 '무륜無倫'이라 부르고, 사람들을 모아 반란을 도모한 사건이 일어났다. 허균은 바로 이들과 어울린 인물이었다. 허균은 이 사건의 불똥이 자신에게 튈 듯하자 당시 대북大北정권*의 최고 실세이자 동문이었던 이이첨에게 도움을 청하여 목숨을 부지하기도 했었다.

---

* 임진왜란 이후 집권하게 된 북인은 동인에서 떨어져 나왔다가 다시 대북과 소북(小北)으로 나누어졌다. 대북은 선조 말 광해군을 세자로 옹립함으로써 영창대군을 옹립하려던 소북과 권력투쟁을 벌였다. 1608년 선조가 죽고 광해군이 즉위함에 따라 대북이 정권을 잡게 되었다.

서양갑 같은 서자들이 『홍길동전』과 관련이 있다는 사실은 허균과 동시대 학자인 이식[*]의 문집 『택당집』에서도 알 수 있다.

세상에 전하는 말이 『수호전』[**]의 작가는 3대(代) 동안 벙어리가 되어 그 응보를 받았다. 도적들이 그것을 존중했기 때문이다. 허균과 박엽 등이 『수호전』을 즐겨, 그 도둑 우두머리들의 이름을 따서 서로 별명들을 지으며 농들을 했는데, 허균은 또한 『홍길동전』을 지어 『수호전』에 견주었다. 그의 무리 서양갑과 심우영 등은 직접 그 행동을 실천하다가 한 마을이 재가 되었고, 허균 역시 반역으로 죽었다.

허균은 백성들이 그린 홍길동과 자신의 추종자이기도 한 서얼의 한을 풀어 줄 상징적인 인물(소설 속의 홍길동)을 주인공으로 삼아

---

[*] 조선 인조 때의 이름난 문신으로, 호는 택당(澤堂)이다. 한학 4대가의 한 사람으로 이조 판서를 지냈고, 병자호란 때에 척화파(斥和派)로 청나라에 끌려갔다가 돌아왔고, 『선조실록』을 전담하여 수정하였다.
[**] 중국의 장편 소설. 작가는 시내암(施耐庵) 또는 나관중이라고 하나 확실하지 않다. 북송(北宋) 선화(宣和) 연간에 송강을 수령으로 한 108명의 호걸이 양산포에 모여 간악한 무리와 탐관오리를 징벌한 후 조정에 귀순하여 요(遼)와 전호(田虎), 왕경(王慶)의 반란군을 정벌하며 큰 공을 세우나 호걸들은 점차 흩어지고 송강도 참언에 의하여 비참한 최후를 마친다는 내용이다. 중국 사대 기서(四大奇書)의 하나이다.

『홍길동전』을 쓴 것으로 보인다.

『홍길동전』 이후, 홍길동은 백성들의 영웅으로 변화하면서 사람들에 의해 개작되는 과정이 발생했다. 허균의 『홍길동전』 이후에 지어진 다른 『홍길동전』에는 홍길동이 집을 떠나기 전 어머니에게 자신도 장길산처럼 "아름다운 이름을 후세에 남겨 보겠다."라고 말하는 장면이 나온다.

광대 출신의 도적 우두머리 장길산이 활동한 시기는 조선 후기 숙종(1674~1720) 때였다. 연산군 때의 실존 인물인 홍길동과는 무려 200여 년, 그리고 허균의 『홍길동전』이 쓰인 때부터는 거의 100여 년 후에 활동했던 인물이다.

또한 홍길동이 고국을 떠나면서 왕을 찾아가 식량을 빌리는 장면도 마찬가지이다. 왕은 대동미 관장 장관을 불러 홍길동에게 대동미를 내어 주는데, 대동법은 허균 당시에는 경기도 일부 지역에 시험적으로 실시했던 저 도로서 100여 년 후인 숙종 때에 와서야 전국에 확대 실시된 제도이다.

이렇게 『홍길동전』은 세월이 흐르면서 개작되는데 이런 개작의 주체는 한 명이 아니라 조선 후기 백성들의 '민심' 그 자체일 것이다. 『숙종실록』에 극적劇賊으로 등장하는 장길산이 "후세에 아름다운 이름을 남긴 인물"로 변화하는 것은 조선 왕조가 망하기를 바라는 백성들의 바람이 낳은 극적 전환이다.

조선 후기 도적들의 활동이 민간전승을 통해 영웅적인 이야기로 꾸며지고 그것이 소설로 옮겨지는 경우가 있는데, 장길산 역시 그런 과정을 거쳐 영웅으로 형상화되어 『홍길동전』에 삽입된 것이다.

홍길동은 연산군 당시에 활약했던 간 큰 강도였는데, 오랜 기간 이미지 변화 과정을 거쳐 의적으로 변화하였다. 그런 이미지 변화 과정에는 도탄에 빠진 조선 후기 백성들의 변화를 바라는 마음이 실린 것이다.

한마디로 강도 홍길동은 오랜 시간에 걸쳐 의적이나 활빈당의 우두머리로 이미지가 변화하는데, 여기에는 허균의 『홍길동전』이 큰 역할을 수행한다. 그리고 그 배경에는 당시의 정치 상황에 대한 백성들의 불만이 담겨 있는 것이다.

소설의 홍길동, 유교 질서 옹호자

문제는 허균이 소설 속에 그린 홍길동 역시 백성들의 이상사회에 대한 열망을 대변해주는 인물이 결코 아니었다. 이런 사정은

1925년 경성서관에서 발행한 허균의 『홍길동전』 표지
벽기둥을 자세히 살펴보면, "홍길동이 율도국을 파하고 왕위에 나가는 광경"이라고 세로글
씨로 쓰여 있다. (아단재단 제공)

"대장부가 세상에 나서 공맹〔공자와 맹자〕을 본받지 못할 바에야, 차라리 병법이라도 익혀 대장인을 허리춤에 비스듬히 차고 동정서벌하여 나라에 큰 공을 세우고 이름을 만대에 빛내는 장부의 통쾌한 일이 아니겠는가."라는 구절이 잘 보여주고 있다.

소설 속의 홍길동은 이처럼 조선 왕조의 지배 이념인 유교와 유교적 가치를 부정하는 것이 아니라 인정하고 있다. 따라서 홍길동은 조선 왕조의 최상위 계급으로 가는 문과 준비를 포기하고 서자 출신인 자신에게 허용된 최선의 선택인 무과 합격을 통해 입신양명을 꿈꾸는 인물에 불과한 것이다.

이렇게 오늘날 한국인의 통념과 달리, 소설 속의 홍길동 역시 기존 질서와 그 질서 유지자인 조선 왕조를 부정하는 것도, 최소한 이에 대항하는 것도 아니었다.

소설은 법질서를 부정하는 행위를 자행하면서도 조선 왕조의 최고 권력자인 국왕에 대해서도 일관되게 긍정적으로 그려져 있다. 활빈당 자체도 "대대로 이 나라의 수토水土를 먹었으니 만일 위태로운 때가 오면 시석〔矢石: 전쟁에 쓰던 화살과 돌〕을 무릅쓰고 인군을 도울 것"이라며, 국왕과 왕조에 대한 변함없는 충성을 맹세하고 있다.

이런 소설 속의 홍길동 역시 "각읍 수령이 불의로 재물이 있으

면 탈취하고, 혹 지빈무의〔至貧無依 : 아주 가난하고 의지할 데가 없음〕한 자
가 있으면 구제하며, 백성을 침범치 아니하고 나라에 속한 재물은
추호도 범치 아니하니라."라는 표현처럼, 불의와 싸우지만 국왕
으로 대변되는 조선 왕조에 대해서는 전혀 저항하지 않고 있다.

이렇게 소설 속의 홍길동이 조선 왕조만이 아니라, 더 나아가
왕조의 지배 이념인 유교적 가치에도 철저하게 순응하고 있다는
사실은 그의 자수와 속죄 부분에서 보다 극적으로 드러난다.

길동의 신출기묘한 무술과 도술 실력 때문에 군대를 동원하여
길동과 그 무리를 제압할 수 없다고 판단한 국왕은 그의 부친을
체포하고 형 인형을 경상도 관찰사로 삼아 길동의 자수를 유도하
게 한다.

인형은 새 근무지로 향하면서 "사람이 세상에 남에, 오륜이 으
뜸이요, 오륜이 있음으로써 분명하거늘, 이를 알지 못하고 임금
과 부모의 명을 거역해 불충불효가 되면 어찌 세상에 용납하리
오. 우리 아우 길동은 이런 일을 알 것이니 스스로 형을 찾아와 사
로잡히라……"는 내용의 방을 경상도 곳곳에 붙이게 한다. 이처
럼 인형은 충과 효라는 유교적 교리에 호소하며 길동의 자수를
권유한다.

그러자 길동은 "제가 여기에 이른 것은 부형의 위태로움을 구

하기 위한 것이니, 어찌 다른 말이 있겠습니까. 대감께서 당초에 천한 길동을 위하여 아버지를 아버지라 부르게 하고 형을 형이라 부르게 하셨던들 어찌 여기까지 이르렀겠습니까."라며 자신의 죄를 인정하고 자수함으로써 조선 왕조의 지배 이념이자 유교 교리인 충과 효를 실천한다.

이렇게 소설 속에 그려진 홍길동 역시 통념과는 달리 조선 왕조의 유교적 가치에 완전히 순응하고 있는 인물에 불과한 것이다.

결론적으로 말해 역사 속의 홍길동과 소설 속의 홍길동은 간 큰 강도와 활빈당의 우두머리라는 괴리가 있다. 그렇지만 소설 속의 홍길동 역시 백성의 진정한 대변자가 될 수는 없다. 그 역시 국왕과 조선 왕조에 대한 변함없는 충성심을 보여주고 있을 뿐만 아니라, 조선 왕조의 지배 이념인 유교적 가치를 철저하게 준수하고 있다. 더구나 길동이 죽은 후 "세자가 즉위하여 대대로 이으면서 태평스럽게 살아가더라."라는 소설의 마지막 구절에서 알 수 있듯이, 백성이 주인이 아닌 조선 왕조와 같은 또 하나의 왕조인 율도국의 국왕인 것이다. 이 율도국 역시 조선 왕조처럼 왕위를 아들, 정확히 표현하면 장자가 물려받은 왕조 체제에 불과한 것이다.

참고문헌

- 『선조실록』
- 『성호사설』
- 『연산군일기』
- 『중종실록』
- 『택당집』

- 김성우, 「〈홍길동전〉 다시 읽기」, 『역사비평』 61, 2002.
- 배항섭, 「활빈당-의적에서 의병으로-」, 『역사비평』 17, 1992.
- 신병주 외, 『고전소설 속 역사여행』, 돌베개, 2002.
- 신병주, 「허균의 삶과 사상」, 『문헌과 해석』 19, 2002.
- 임형택, 「홍길동전의 신고찰(상, 하)」, 『창작과 비평』 제11권 4호, 제12권 제1호, 1976.
- 존 프랭클, 『한국문학에 나타난 외국의 의미』, 소명출판, 2008.

홍경래는 누구를 위해 반란을 주도했을까

- 백성 혹은 자신

홍경래의 반란은 1811년(순조 11) 12월 18일 홍경래 등 지도부가 10여 년 동안의 치밀한 준비 끝에 일으킨 사건이었다. 학계는 대체로 이 반란을 봉건체제의 해체를 지향한 농민전쟁의 성격을 지니고 있는 것으로 높이 평가하기도 한다.

학계 일각에서는 전쟁이라는 용어를 내전(內戰 : Civil War)이라는 개념으로 사용하고 있다. 여기에서 말하는 내전이란 바로 봉건 세력과 반봉건 세력 간의 계급 전쟁을 뜻한다. 봉건체제를 유지하기 위한 봉건 세력과 이를 타도하기 위한 반봉건 세력 간의 계급 전쟁이 홍경래 반란의 성격이라는 것이다.

과연, 농민을 위한 농민전쟁인가

홍경래는 우군칙 등과 함께 지도부를 결성한 후, 평안도 가산군 다복동多福洞을 근거지로 삼아 군사를 모집하여 훈련시키는 등 반란 준비에 착수하였다. 처음 동원된 병사들은 주로 광산 노동자로 위장하여 모집한 사람들이었다. 이들은 대부분 지도부가 제시한 돈 몇 냥에 이끌려 다복동에 몰려든 집단이었기 때문에 용병의 성격을 지니고 있었다.

홍경래를 비롯한 반란군 지도부는 광산노동자로 위장해 모집한 용병들을 남진군과 북진군 두 부대로 편성하여 평안도 여러

홍경래

홍경래(1771~1812)는 평안도 용강(龍岡) 출신으로, 1798년(정조 22) 문과에 응시하였으나 떨어졌다. 과거에 낙방한 뒤 벼슬길을 포기하고 풍수가로서 전국 각지를 떠돌아 다녔다. 그러던 중 가산에서 풍수가인 우군칙을 만나 반란을 모의하였다.

홍경래는 시국에 불만을 품고 있는 자들을 이용해야 한다고 판단하였다. 그래서 당시 향촌에서 부를 축적해 하층지배자로 진출한 계층과 황해도·평안도 일대의 대상(大商)에게 접근하였다. 한편으로 관로가 막혀 현실에 불만을 품고 있던 양반에게도 접근해 진사 김창시 등을 반란군에 끌어들였다.

홍경래는 비록 낙방했지만 과거를 치를 만큼 유교 경전에 대한 일정한 수준의 교양을 지니고 있었다. 이와 함께 그는 특히 『정감록(鄭鑑錄)』에 통달하였다고 한다.

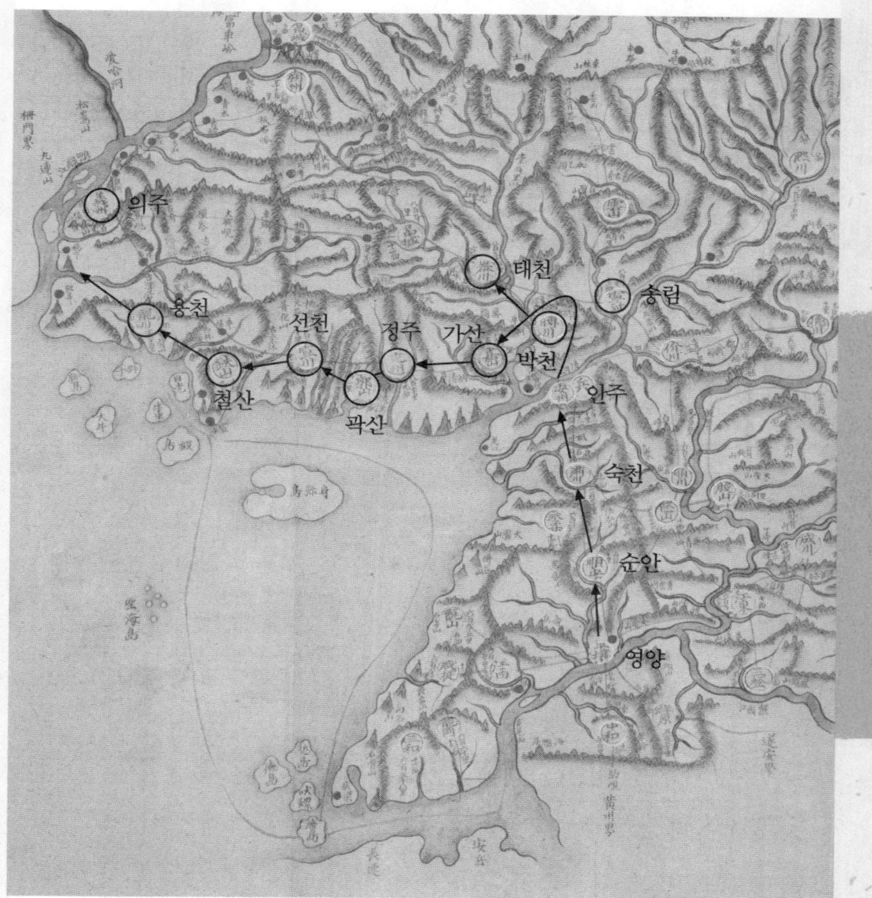

홍경래 반란군 주요 점령 지역과 관군의 토벌 진격로

홍경래의 남진군이 가산, 박천, 태천을 점령하고 부원수 김사용이 이끄는 북진군이 곽산, 정주, 선천, 철산, 용천, 의주를 점령했다.

지도는 홍경래가 활동하던 시기인 1800년 이후에서 1822년 이전에 그려졌다고 추정되는 〈해동지도(海東地圖)〉의 평안도 부분이다. ○은 홍경대군의 점령했던 주요 지역이고 ← 는 관군의 토벌진격로를 나타낸다. (서울대학교 규장각한국학연구원 소장)

홍경래군과 관군의 전투를 그린 〈홍경래진도〉

홍경래의 난이 진행되는 과정에서 정주성에 농성 중인 봉기군을 진압군이 포위하고 있는 상황을 담은 기록화이다. 따라서 "홍경래진도(洪景來陣圖)"보다는 "순무영군진도(巡撫營軍陣圖)"나 "정주성공격도(定州城攻擊圖)" 등이 더 적합한 명칭일 듯하다. 제작의 과정이나 주체를 알려주는 기록은 없으나, 현지에 파견되어 진압군에 소속되어 있던 화원(畵員)이 그린 것으로 생각된다. 진압군을 부대별로 담았지만, 순무영(巡撫營) 중군(中軍)을 비롯하여 문헌 자료들을 통해 확인되는 진압군 중의 극히 일부만이 들어 있으며 화면 구성도 완결적이지 못한 것 등을 고려할 때 전체 상황을 담은 큰 그림의 일부분이거나 여러 폭으로 구성된 것 중의 하나로 짐작된다. 진압군은 봉기군의 습격을 피하기 위해 부대별로 목책 속에 들어가 있는데, 지휘관의 막사, 기병과 보병의 무장한 상태, 군량의 분배, 군악대의 연주, 군기(軍旗)가 나부끼는 상황 등이 그려져 있다. 인물이 사실적으로 묘사되었으나 숫자는 사실보다 크게 줄여져 있다. 부대 사이에는 정주성 동쪽을 흐르는 달천(撻川)이 그려져 있다. (서울대학교 규장각한국학연구원 소장)

지역에 대한 공략을 개시하였다. 홍경래가 이끄는 남진군은 가산, 박천, 태천 등을 점령했다. 부원수 김사용이 이끄는 북진군은 곽산을 공격한 후 정주로 진격했다. 정주를 점령한 후 북진군은 다시 곽산을 거쳐 선천, 철산, 용천 등에 쉽사리 입성했다.

이렇게 반란군은 가산을 점령한 후 10여 일 만에 "청천강 이북의 4~5주군州郡이 수일 만에 함락된 까닭은 모두 읍속〔邑屬 : 지방의 읍에 속한 구실아치를 통틀어 이르던 말〕과 관례〔官隷 : 관가에 속하여 있던 하인〕들이 내응한 때문이다〔『진중일기(陣中日記』* 임신(1812년) 4월 28일자〕."라

* 홍경래의 난 진압 과정을 일기체로 기록한 책으로, 반란이 최초로 일어난 1811년 12월 18일부터 이듬해 6월 20일까지의 농민군 토벌 과정이 기록되어 있다.

1872년에 작성된 정주지도

이 지도는 당시 지방 실정을 파악하고자 했던 흥선대원군의 지시로 1년도 채 안 되는 짧은 기간 동안에 전국적으로 작성되었던 지방도의 하나로, 중심부에 정주성의 모습이 잘 나타나 있다.(서울대학교 규장각한국학연구원 소장)

는 기록처럼, 하급 관리들의 내응으로 별다른 저항도 없이 청천 강 이북 전 지역을 손쉽게 장악할 수 있었다. 하지만 농민의 지지를 받지 못하였기 때문에, 전열을 가다듬은 관군이 반격을 해오자 점차 수세에 몰리게 되었다.

반란군은 12월 29일 관군과의 최초의 본격적인 결전인 박천의 송림리松林里 전투에서 패배하여 정주성에 들어가 장기 항전에 돌입하였다. 이 과정에서 관군은 초토화 전술로 밀어붙였기 때문에, 주변의 많은 농민이 이를 피하기 위해 반란군의 근거지인 정주성에 합류하였다. 정주성은 매우 견고했으며, 어느 고을보다도 군량이 풍부하게 비축되어 있던 곳이기도 했다.

정주성 항전은 1812년 1월 17일부터 4월 19일까지 계속되었다. 이때 반란군의 주력은 돈을 주고 모집한 사람들이 아닌 관군의 초토화 전술로 인해 합류한 농민이었다. 이들의 항전은 정주성에 들어가지 못한 주변 농민으로부터 지지와 성원을 받고 있었기에 관군에게 완전히 포위된 상황에서도 장기간 지속될 수 있었다. 그러다가 마침내 관군이 4월 19일 정주성을 점령함으로써 홍경래의 반란은 막을 내렸던 것이다.

그러면 홍경래의 반란이 과연 농민을 위한 농민전쟁이었는가? 그 진위 여부는 봉기 세력이 어떤 목적을 가지고 봉기군에 참여

했는가를 밝힐 수 있다면 드러날 것이다. 홍경래 등 지도부는 운산 광산에서 일할 사람을 모은다는 구실을 내세워 1~3냥의 선금을 주고 군사를 모집하였다. 이때 응모한 사람들은 걸인을 비롯하여 소상인, 마부 등 다양한 직업을 지니고 있었다.

반란군은 용병

이들 가운데 대다수는 가산 · 박천 지역의 토지가 없는 농민이나 임노동층과 같은 빈민들이었다. 이런 사정은 "지난해〔1811년〕 12월 9일에 강득황이 와서 '우군칙이 이번에 서울의 물주에게서 수천 량을 받아 운산군에서 사람을 모아 채금採金하게 되었다. 이것이야말로 가난한 사람들이 살 수 있는 길이다. 가게 되면 필요한 돈을 줄 것이다.' 라고 하였다. …… 10일 강득황이 3냥을 나〔김여정〕에게 주었다. 18일에 강득황 등 70여 인와 함께 가산군 다복동에 있는 우군칙의 집으로 데리고 갔다(『관서평란록關西平亂錄』* 13. 김여정 진술서)."는 기록에서 확인할 수 있다.

* 정부가 홍경래의 난이 일어난 다섯 달 동안의 행적을 모아 편찬한 책으로, 여기에는 관군 보고서, 체포된 반란군의 진술서 등이 포함되어 있다. 총 3만 2천여 쪽에 이르는 방대한 양이다.

이런 김여정 진술과 같은 진술들은 『관서평란록』 여러 곳에서 찾아볼 수 있다. 이들 대다수는 박천 일대에 사는 가난한 사람들이었다. 그런데 『일성록日省錄』* 순조 11년 12월 20일자에는 이들이 반란 계획을 사전에 알고 자발적으로 참여한 사람들은 아니었다고 기록되어 있다.

이런 기록들로 보아, 이들의 참여 목적은 반란 목적에 동의하여 자발적으로 가담한 것이 아니라, 단지 호구지책 차원에서 이루진 것에 불과했다.

반란의 지도부가 이처럼 1~3냥을 주고 동원한 인원은 제한적일 수밖에 없었다. 실제 반란군의 첫 공격 목표인 가산군 읍내를 공격할 때 참여한 인원은 자료에 따라 다르지만 대략 3백~5백에 불과했다. 이런 규모의 군대로는 반란의 최종 목적인 조선 왕조를 전복시킬 수가 없었다.

그래서 반군 지도부는 "매우 굶주려 먹고 살기 위해 징병에 응했다(『관서평란록』 16, 김귀돌 진술서)."라는 기록처럼, 빼앗은 식량을 빈민들에게 나누어 주어 이들을 반란군으로 끌어들이는 방식을 취했다.

* 1760년(영조 36) 1월부터 1910년 8월에 걸쳐 주로 국왕의 동정과 국정을 기록한 일기. 임금의 일기 형식을 갖추고 있으나 실질적으로는 정부의 공식적인 문서이다.

또 다른 방식은 행정조직을 통해 강제로 징병하는 것이었다. 이런 사정은 "〔반란 지도부가 임명한 선천 군수인〕 유문제가 징병하라고 위협하자 각 면面 모두에서 징병했다. 나〔면의 약정約正*인 김수택〕도 살아남기 위해 20명을 징병하여 보냈다(『관서평란록』 10, 김수택 진술서)."라는 기록이 입증하고 있다.

이렇게 돈을 주고 모병하거나 강제로 동원된 군사들에게는 반란을 성공시키기 위해서 반드시 필요한 전투 의지가 있을 수가 없었다. 『관서평란록』에는 북진군의 선봉장인 이제초의 진술서가 실려 있는데, 반란에 참여한 군사들은 모두 걸인이거나 협박에 의해 동원된 자들이어서 관군만 보면 겁을 먹고 달아나서 어쩔 수가 없다는 진술에서 확인할 수 있듯이, 지도부를 제외한 반란군 대다수는 최소한의 전투 의지조차도 없었다.

이렇게 홍경래 등 지도부를 제외한 대부분의 반란군은 생계 문제 때문에 가담한 용병적 성격을 지닌 집단이나, 협박에 의해 강제로 동원된 자들에 불과한 것이다.

박천 송림리 전투 이후에는 농민이 정주성 농성에 대거 참여하는데, 이들 역시 자발적으로 반란에 참여한 것은 결코 아니었다.

* 조선시대에, 향촌자치기구의 임원. 면 단위에서 세금징수 등 수령의 보조 역할을 수행하였다.

관군이 반란군을 뒤쫓아 가산·박천 지역을 되찾으면서 그 인근 지역의 민간인들을 약탈할 뿐만 아니라 방화와 살인 등을 계속 저질렀다.

조정에서조차도 이런 불법 행위를 금지하는 명령을 계속 내렸고, 심한 자는 사형에 처하기까지 했다. 하지만 관군의 횡포는 계속되어 심지어는 무고한 농민의 목을 잘라 전과를 과장하는 일조차 일어나서 조정에서 이 문제를 논의했을 정도였다.

농민이 반란군에 가담한 가장 큰 원인은 바로 관군의 과잉 진압 때문이었다. 농민은 진압군의 이런 초토화 작전으로 인해 목숨을 부지하기 위하여 정주성 농성에 가담한 것이지 결코 자발적으로 봉기에 참여한 것은 아니었다.

한마디로 홍경래의 반란은 농민이 주체가 되어 일으킨 농민운동이나 농민전쟁의 성격을 지닌 반란이라고 보기에는 무리가 많다.

홍경래가 반란을 일으킨 까닭은

그러면 홍경래 등 지도부는 왜 반란을 일으켰는가? 홍경래는 다복동에서 12월 18일 밤 출진에 앞서 참여자들에게 반란의 당위성을 천명한 격문을 발표하였는데, 그 격문 내용은 바로 이들의 봉기 목적이 무엇인지를 입증해 주는 중요한 자료이다. 격문의 일부를 보자.

현재 나이 어린 임금이 위에 있어서 권세 있는 간신배가 날로 치성하여 김조순*, 박종경**의 무리가 통치 권력을 훔쳐 제 맘대로 하니, 어진 하늘이 재앙을 내려 겨울 번개와 지진이 일어나고 재앙별과 바람과 우박이 없는 해가 없었다. 이 때문에 큰 흉년이 거듭 이르고 굶어 부황이 든 무리가 길에 널려 늙은이와 어린이가 구렁에 빠져서 산 사람이 거의 무찔러지는 것이 임박하였다.

그러나 다행히 세상을 구제할 성인이 청북 선천 검산 일월봉 아래 군왕포 위 가야동 홍의도(紅衣島)에서 탄생하였다. [성인께서는] 나면서 신령함이 있었고 다섯 살 때에 신승(神僧)을 따라 중국에 들어갔으며 장성하여서는 강계사군지여연(江界四郡地閭延)에 머무르기 5년 만에 황제의 명령을 받은 세신(世臣)의 후손을 거느리게 되었으며, 용맹한 기병 10만으로 조선을 숙청할 뜻을 가지셨다.

* 조선 후기의 문신(1765~1832). 순조의 장인으로 대제학을 지냈으며, 안동 김씨 세도 정치의 기반을 마련하였다.
** 조선 순조 때의 권신(1765~1817). 순조 1년(1801)에 문과에 급제하여 교리, 승지를 거쳐 병조와 이조 판서를 지냈으며, 순조와 그 왕후의 총애를 받아 조정을 장악하여 권세를 부렸다.

그러나 이곳 관서〔關西 : 마천령의 서쪽 지방. 곧 평안도와 황해도 북부 지역을 이르는 말〕 땅은 성인께서 나신 고향이므로 차마 밟아 무찌를 수가 없어서 먼저 관서의 호걸들로 군사를 일으켜 백성들을 구하도록 하였으니, 의로운 기치가 이르는 곳이 어찌 참임금을 기다리다 살아난 곳이 아니겠는가! 이제 격문을 띄워 먼저 고을의 수령들에게 알리노니 절대로 요동치 말고 성문을 활짝 열어 우리 군대를 맞으라!

여기서 세상을 구제할 성인을 '백성을 구할 정씨 임금'이라는 뜻의 '정제민鄭濟民'이라고 했는데, 이는 바로 정감록 사상에 따른 것이었다. 이처럼 반란의 지도부는 정감록 사상을 수용하여 그 이론에 따라 이씨 왕조인 조선 왕조를 무너뜨리고 새 왕조인 정씨 왕조鄭氏王朝를 건설하기 우하여 반란을 일으켰던 것이다.

『정감록』은 풍수지리설과 역성혁명易姓革命 사상을 토대로 정감과 이심, 이연 세 사람이 대화 형식으로 조선 왕조의 운명, 즉 이씨 왕조의 멸망과 정씨 왕조의 흥기를 예언한 책이다. 이 책에 따르면 이씨 왕조가 멸망할 시기에는 엄청난 재난이 일어나는데, 그 내용은 전란戰亂에 의한 초토화, 흉년, 수해, 한해, 기근과 전염병 만연, 신분 질서 문란, 브정부패 등이다. 이때 사람들이 몸을 보존할 곳이 십승지지十勝之地이다.

또한 『정감록』은 정진인(鄭眞人 : 정씨 성을 가진 메시아)이 해도海島에서 군사를 거느리고 나와 이씨 왕조인 조선 왕조를 정벌하고 남쪽 지방(계룡산)에 도읍을 정하고 새로운 왕조인 정씨 왕조를 건설한다고 기록하고 있다. 정감록 사상은 조선 후기에 각종 반란의 이념으로 이용되었다.

새로운 세상에 대한 열망

임진왜란을 겪고 난 후 조선 후기의 백성 가운데 상당수는 부패한 벼슬아치와 양반의 억압과 수탈, 횡포 등으로 농토를 빼앗기거나 스스로 농토를 버리고 일정한 터전이나 직업도 없이 떠돌아다녔다. 게다가 그들은 계속되는 자연재해에 의한 흉작과 창궐하는 전염병으로 고통 받고 있었다. 전쟁은 농토를 황폐하게 만들었고 전염병을 만연시켰는데, 심한 굶주림으로 허약해진 백성은 질병에 대한 면역력이 떨어져 한 번 전염병이 창궐하면 수많은 사망자를 내었다.

이렇게 전란과 배고픔, 그리고 질병에 시달리던 백성 사이에는 전쟁과 굶주림, 그리고 질병이 없는 새로운 세상을 열망하는 분위기가 조성되고 있었다. 자연 정감록 사상도 그런 분위기 속에서 점차 유포되고 있었다.

　조선 후기의 이런 상황은 정감록 사상으로 무장한 집단이 정감록을 이용하여 이씨 왕조를 타도하고 새 왕조, 즉 정씨 왕조를 건설하려는 절호의 기회로 삼아 반란을 기도하게 하였던 것이다. 그 대표적인 사건이 바로 홍경래의 반란이다.

　이 반란의 지도자들이 어떤 목적을 가지고 봉기를 일으켰는가는 그 주도 세력의 사회적 지위를 살펴보면 자연스럽게 드러날 것이다. 홍경래, 우군칙 등 핵심 인물은 풍수 등으로 생계를 유지했으며 재산이란 거의 없는 빈곤한 지식인들이었다. 그 주도적인 역할을 한 인물들도 세금 징수 등 지방행정을 관장하는 좌수座首, 별감別監 등 향임층과 이들의 통제 아래 지방행정의 실무를 담당하는 향리 집단이었다.

　이렇게 홍경래 반란의 주도 세력은 기꺼해야 향촌 사회의 유력자였기 때문에 중앙 정계에서 철저히 소외된 집단이었다. 가령 격문을 작성한 김창시는 소과에 합격한 후 여러 해에 걸쳐 비록 실패했지만 서울에서 엽관운동*을 한 것으로 보아, 이들은 권력

---

* 관직을 얻기 위해서 권력자에게 뇌물을 받치고 청탁을 하는 행동을 말한다. 성종 때 반포된 『경국대전』에는 상급 관리의 집을 방문하여 엽관운동을 하는 자는 곤장 1백 대의 형을 가하여 3천 리 밖으로 유배보낸다고 규정하고 있다.

욕이 상당히 강했던 것으로 보인다.

이런 대표적인 인물로는 정주의 좌수 출신인 김이대를 들 수 있다. 그가 얼마나 권력욕이 강했는지는 "김이대는 〔정주 군수〕 임명장을 받고 크게 기뻐하고 최이륜에게 〔정주 군수의〕 인신(印信 : 도장이나 관인 따위를 통틀어 이르는 말)을 돌려주도록 재촉했다. 최이륜이 응하지 않자, 김이대는 그것을 탈취해서 좌우를 돌아보며 모두 문 밖에서 참배하도록 했다. 기마를 타고 동헌에 들어가는 등 그 위세가 대단했다(『진중일기』 신미(1811년 12월 23일자)."라는 기록에서 짐작할 수 있다.

『관서평란록』 등 당시 기록들을 분석해 보면 반란군이 점령한 군현과 진에 모두 18명의 수령이 임명되었는데, 이 가운데 15명이 지역 토호인 향임층과 향리들이었다. 그동안 중앙 권력에서 소외된 이들이 반란에 적극적으로 참여해 주도적인 역할을 한 목적은 바로 정치적인 출세였다.

홍경래 등 지도부를 비롯한 반란의 주도 세력들은 정감록 사상을 이용하여 일거에 중앙 권력을 쟁취하기 위해 반란을 일으켰다.

그러나 반란은 농민의 지지를 얻는데 실패했다. 홍경래 등 지도자들이 농민을 반란의 주체로 설정하기보다는 객체로 설정해 적극적으로 끌어들이려는 노력을 기울이지 않았기 때문이다. 정감록 사상이 당시 농민들에게 어느 정도 알려진 것은 사실이지만 그 영향이 그리 크지는 않았다. 이는 농민이 정감록을 명분으로 삼은 이 반란에 자발적으로 참여하지 않았던 사실이 입증해 주고 있다. 다만 광산 노동자들이 반란의 일선 행동대로 동원되었는데, 이 또한 반란 지도부의 적극적인 모병 활동 때문에 가능하였던 것이다.

결국 이런 한계로 홍경래의 반란은 실패로 돌아갔고 그 지도부 역시 자신들의 목적인 중앙 권력을 장악하여 새 왕조를 건설하는 데 실패하였던 것이다.

홍경래 반란의 원인은 서북인 차별인가?

일부 학자들은 홍경래의 반란이 서북인, 즉 평안도와 황해도 사람들에 대한 조선 왕조 집권층의 지역 차별 정책 때문에 일어났다고 주장하고 있다. 이 문제는 조선시대 이북인 황해도, 평안도, 함경도 출신이 과거에서 차별 대우를 받았다는 속설에서 비롯된 것이다. 이런 속설은 봉기군이 띄운 격문에서도 확인할 수 있다.

"…… 조정에서는 관서를 버림이 분토〔糞土 : 썩은 흙〕와 다름없다. 심지어 권세 있는 가문의 노비들도 평안도 사람을 보면 반드시 평안도 놈이라고 일컫는다. 평안도에 있는 자로서 어찌 억울하고 원

통하지 않은 자가 있겠는가."

　홍경래 등 지도부는 당시 서북인 전체가 아닌 권력욕이 강한 향임층 등 일부 계층이 지니고 있던 상대적 박탈감을 반란의 명분으로 이용한 것이었다. 앞서 기술했듯이, 홍경래를 비롯한 지도부는 물론이고 그 지역 토호인 향임층 등이 정치적 출세를 목적으로 반란에 적극 참여해 주도적인 역할을 수행했다. 실제 이들은 반란군 점령 지역의 수령 자리를 차지하기도 했다.

　그러나 서북인, 엄밀히 말해 서북인 가운데 대다수인 농민이 아닌 서북 출신으로서 관직 진출 가능성이 있는 엘리트가 차별 받았다는 속설은 적어도 과거 급제자에 한해 살펴보면 사실과는 다른 내용임을 알 수 있다. 이는 조선시대 과거급제자 출신지별 비율이 입증해 주고 있다.

＊지역 차별이 아닌 서울 독점

　송준호와 와그너 교수의 연구로 효종 1년(1650)부터 과거제가 폐지되는 1894년의 갑오개혁(고종 31)까지 약 9천여 명에 달하는 과거급제자 대부분의 출신 군현을 알 수 있게 되었다. 특히 1650년부터 1673년까지 급제자의 96% 이상, 1675년부터 1894년까지 급제자 중 4, 5명을 제외한 나머지 전원의 거주지를 파악할 수 있게 되었다. 불행하게도 1650년 이전 급제자의 경우는 자료 부족으로 그 출신지를 대부분 확인할 수 없다.

그들의 연구 결과에 따르면 북방 3도를 뜻하는 이북 출신 급제자
의 비율은 17세기의 경우에는 7.5%이지만 18세기에는 거의 14%이
고 19세기에는 15.4%이다. 그리고 과거제가 시행된 최후 30년간인
고종 때에는 22.8%가 되었으니, 전 급제자의 거의 4분 1에 해당된
다. 이를 인구 비율과 비교하면 이북 출신이 과거에서 차별 대우를
받았다는 속설은 허구에 불과하다는 사실을 알 수 있다.

17세기 두 차례의 인구조사(1640년과 1684년)는 이북 지역의 인
구가 총인구수 가운데 20%를 차지하고 있음을 보여주고 있다. 1717
년 조사에서는 그 비율이 거의 30%로 올랐다가 그 후 18세기 세 번
의 조사에서는 모두 3분 1로 변동이 없다. 그런데 19세기에 들어와
서는 남부 지역의 인구가 증가하였기 때문에 조선 말기에는 북방 3
도의 인구수는 전 인구의 4분의 1인 25%가 되었다.

이렇게 조선 말기에 이르러 이북 3도의 주민으로서 과거에 합격
한 사람의 비율이 인구 비율과 거의 같았음을 확인할 수 있다. 그런
데 수도인 서울과 경기도의 주민이 과거 합격자의 반을 차지하였다
는 점을 고려한다면 이북 3도 주민은 다른 어떤 지역보다도 과거 합
격률이 높았다고 결론지을 수 있다.

또한 홍경래 반란의 무대였던 평안도 주민의 합격률은 다른 북방
2도에 비해 압도적으로 높았다. 즉 황해도는 북방 3도 가운데 인구
가 22%인데 합격자 비율은 11.5%밖에 되지 않았다(인구비율은
1789년의 인구조사에 따름). 함경도는 조금 나아서 인구가 27.2%인
데 합격률은 19.3%이다. 이에 비해 평안도는 북방 인구의 반을 약간

넘는데도 합격률은 거의 70%에 육박할 정도였다.

물론 조선시대에는 이북 출신이 고위 관직에 오르는데 상당한 차별 대우를 받았음은 사실이다. 이런 사정은 과거급제자 중 당상관의 일차적인 후보 집단을 선정하는 도당록에 오른 인물 가운데 이북 3도 출신자가 매우 드물었던 사실에서 분명히 확인할 수 있다. 남지대 교수의 연구에 따르면 정조에서 철종 시대(1776~1863)의 도당록에 오른 인물 중 이북 3도 출신자는 한 명도 없다.

그러나 서북 출신 양반만 차별 대우를 받았다기보다는 서울·경기 이외 지역 출신도 모두 고위 관직에서 소외되었다. 도당록에 오른 인물 중 서울 거주자가 75.8%, 경기 거주자가 8.8%로 서울 인근 출신이 84.7%나 차지했다는 것은 수도권 이외 지역 출신 양반은 정도의 차이는 있을지라도 모두 차별 대우를 받고 있었다는 것을 보여주는 것이다. 결코 서북 출신 양반만 차별 대우를 받았던 것은 아니었다.

따라서 서북 출신 엘리트 차별이 홍경래 반란의 주요 원인이라는 학계 일각의 주장은 그다지 설득력이 없다. 이런 주장이 설득력을 지니려면 서울을 제외한 모든 지역에서 홍경래 반란과 같은 사건이 일어나야 했다. 하지만 당시 홍경래처럼 몰락한 지식인이 주도한 반란 대부분은 정감록 이념을 활용한 새 왕조 운동이었다. 물론 서북 출신 엘리트 차별도 홍경래 반란의 한 요인으로 작용했을 것이다

참고문헌

- 『관서평란록(關西平亂錄)』
- 『일성록(日省錄)』
- 『진중일기(陣中日記)』

- 남지대 외, 『조선정치사』 상, 청년사, 1990.
- 송준호, 『이조생원진사시연구』, 국회도서관, 1970.
- 오수창, 「홍경래란 봉기군의 최고지휘부」, 『국사관논총』 46, 1993.
- 에드워드 와그너 외, 『조선신분사연구』, 법문사, 1987.
- 정석종, 「홍경래란의 성격」, 『한국사연구』 7, 1972.
- 정석종, 「홍경래란과 내응세력」, 『교남사학』 창간호, 1985.
- 학원 유(鶴園 裕), 「평안도 농민전쟁의 참가계층」, 『전통시대의 민중운동』 상, 풀빛, 1981.
- 홍희유, 「1811~1812년의 평안도 농민전쟁과 그 성격」, 『봉건지배계급에 반대한 농민들의 투쟁(이조편)』, 과학원출판사, 1962.

근왕주의자 전봉준,
혁명가 전봉준
그리고 진실

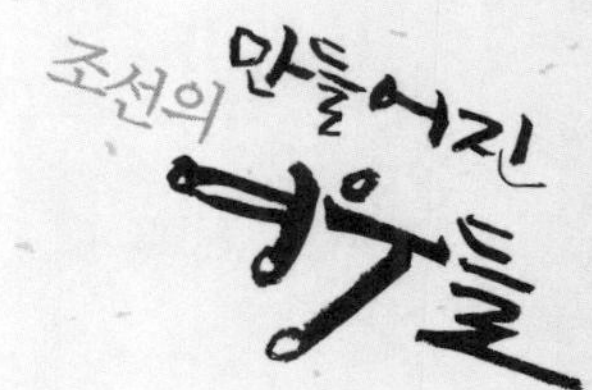

한국 근대사의 최대 사건 가운데 하나인 동학농민운동은 전라도 무장현에서 시작되었다. 이때의 주력 부대가 바로 손화중의 포(包 : 동학의 조직 단위)였다. 손화중 포는 동학농민운동의 봉화를 올리는데 결정적인 역할을 한 부대였다. 이 부대가 바로 동불암 마애불과 깊은 연관을 갖고 있다.

마애불의 비결을 탈취한 손화중 포

전라북도 고창군 아산면 삼인리에 있는 선운사 도솔암으로 오르는 길 옆 절벽에는 마애불이 서 있다. 비바람을 맞으며 묵묵히 서 있는 이 마애불은 동학농민운동이 급속히 확산되는 데 결정적 역할을 한 미륵불이다.

전설에 따르면 이 마애불은 백제 위덕왕이 검단 선사에게 부탁하여 암벽에 불상을 새기고, 그 위 암벽 꼭대기에 동불암東佛庵이라는 공중누각을 지었다고 한다. 그래서 이 마애불을 '동불암 마애불'이라고 부른다. 높이 13미터에 너비가 3미터에 달하는 장대한 이 마애불은 대부분의 미륵불이 그러하듯 형태가 조잡하다.

커다란 바위에 대충 새겨 넣은 이 동불암 마애불은 동학농민운동 당시 손화중 포가 동학교단의 최대 세력으로 자리잡는 데 결정적인 역할을 하는 인연을 갖고 있다.

당시 전국 각지에는 조선 왕조가 곧 멸망할 것이라는 예언이 광범위하게 유포되어 있었다. 뮈텔 주교는 파리외방전교회에 보낸 1894년의 보고서에서 참언이 횡행하는 조선의 상황을 이렇게

동학 조직―포접 包接

접주가 그 책임자인 접은 전도 활동을 통해 많은 교도를 확보하면 여러 개의 접으로 분화된다. 이렇게 늘어난 접들은 제각기 독립적이지만 최초의 접주와 인맥 관계를 형성하면서 한 집단을 이룬다. 이 집단을 포라고 부르고, 그 책임자를 대접주라 한다.

이처럼 포접은 본래 포교, 수련 등을 담당하는 신앙 조직이었지만, 동학농민운동 때에는 휘하 교도를 동원하여 운동을 조직하고 민원을 해결해주는 등의 역할을 하는 사회 정치 운동을 담당하는 조직이 되기도 했다.

전한 바 있다. "오래 전부터 전국에 돌아다니는 이른바 예언이라
는 것들은 현 왕조가 500년이라는 숙명적인 날짜를 넘기지 못할
것이라고 예고했습니다."

이 보고서는 1392년에 건국된 조선 왕조가 늦어도 1892년에는
멸망할 것이라는 예언이 그 이전부터 널리 퍼져 있었다는 저간의
사정을 말해주고 있다.

당시 이에 대한 기록은 많은데, 그 단적인 사례는 전봉준의 법
정 진술 기록에서도 확인된다. 재판관이 "이씨[조선] 왕조가 500
년으로 망한다고 하는 예언은 무엇을 뜻하는가."라고 묻자, 그는
"모두 이 예언을 알고 있다."라고 답하였다. 이처럼 당시 조선사
회에는 조선 왕조가 곧 멸망할 것이라는 예언이 널리 유포되어
있었다.

동학교도와 미륵사상

이런 와중에 1892년 8월경 손화중 포가 선운사 미륵불의 배꼽에
들어있다는 비결秘訣을 탈취한 사건이 일어났다. 이 비결 탈취 사건
에 가담했던 동학교단의 간부 오지영은 자신의 회고록 『동학사』에
서 이때의 사정을 이렇게 회고하였다. 내용은 대략 다음과 같다.

선운사 도솔암 마애불 .

보물 제1200호로 고려시대에 조각된 것으로 보이고, 지상 6미터의 높이에서 책상다리를 하고 앉아 있는 불상의 높이는 5미터, 폭이 3미터나 되는 큰 마애불상 중에 하나이다. 머리 위의 구멍은 동불암이라는 누각의 기둥을 세웠던 곳이고, 명치끝에 검단(黔丹) 스님이 쓴 비결록을 넣었다는 감실이 있다. (하도겸 사진 제공)

1892년 8월의 일이다. 석불의 배꼽 속에는 신기한 비결이 들어 있는데, 항간에는 그 비결이 나오는 날 바로 새 왕조가 건설된다는 소문이 자자하였다. 지금으로부터 103년 전에 전라감사 이서구라고 하는 이가 부임한 지 며칠 만에 길흉을 점친 후 무장 선운사에 이르러 도솔암에 있는 석불의 배꼽을 떼고 그 비결을 빼어 보다가, 때마침 뇌성벽력이 일어나 그 비결을 다 보지 못하고 도로 봉封해 두었다고 한다. 그 비결의 첫머리에는 '전라감사 이서구 개탁(開坼 : 열어봄)'이라고 쓰여 있었는데 이서구는 그 글자만 보고 말았다는 것이며, 그 뒤에도 누군가 열어보고자 하였으나 벽력이 무서워서 열지 못했다는 것이다.

그러던 어느 날 손화중 포에서 석불의 비결 이야기가 다시 나왔다. 그 비결을 꺼내 보았으면 좋겠지만 벽력이 또 일어날까 걱정이라는 것이었다. 그러자 그중 오하영이라는 인물이 나서 벽력은 걱정할 것이 없다고 하였다. 이서구가 꺼낼 때 이미 벽력이 일어났기 때문에 벽력의 효력은 없어졌다는 것이다. 이 말을 그럴듯하게 여긴 손화중 포는 비결을 꺼내보기로 결정했다. 이윽고 그들은 푸른 대나무 수백 개와 새끼 수십 줄로 부계浮械를 만들어 석불의 전면에 세웠다. 그리고는 석불의 배꼽을 도끼로 부수고 그 속에 들어 있는 것을 꺼냈다. 그 후 손화중 포에서 이 비결을 손에 넣었다는 소문이 퍼져나가자, 무장·고창·영광·장성·흥덕·고부·부안·정읍 등 전라도의 수만 농민이 손화중 포에 쏟아져 들어왔다고 한다.

이 비결 사건에 대한 이야기는 어디까지가 진실인지 현재로서는 알 수 없다. 그러나 한 가지 분명한 것은 이 소문이 삽시간에 전라도 일대에 퍼져나갔고, 이로 인해 손화중 포에 사람들이 몰려들었다는 사실이다.

이 사건에 대해서는 당시 여러 자료에서 언급하고 있다. 그중 조선 말기의 애국지사인 황현의 『오하기문梧下記聞』*의 기록을 보자.

전라우도부터 좌도의 산골짜기까지 동학교도가 없는 고을이 없었는데, 그 숫자가 수십만이나 되었다. 이들은 '무장의 산골 절벽 속에서 용당[검단]선사의 참결(讖訣)을 얻어 난을 일으킬 수 있게 되었으니, 때를 놓쳐서는 안 된다'는 유언비어를 퍼뜨렸다.

이런 기록들은 이들 사대부조차도 만약 조선이 망하고 새로운

---

* 황현이 지은 책으로 미간행 초고(草稿) 필사본이다. 이 책에는 동학농민운동의 발생과 경과 등이 비교적 자세히 기록되어 있다.

세상이 열린다면 동학교도가 그 주체가 되리라는 것을 인정하였
다는 증거로 볼 수 있다.

　이런 사정을 보다 분명하게 입증해주는 기록이 앞의 뮈텔 보고
서인데, 그 요지는 이러하다.

　조선 왕조가 500년 만에 망할 것이라는 예언이 전국에 풍미했다. 이
예언을 빠르게 실현할 사람들이 나타날 것을 예상했어야 했다. 이들은
모두 요술에 걸린 것처럼 모여들었다. 그런데 반란자나 그런 사람으로
간주되는 것은 위험하였기 때문에, 그들은 자신들의 정체를 손쉽게 숨
기기 위해 어떤 종교단체의 간판을 걸어야 했는데, 그것이 바로 동학교
단이었다.

　동학교도들은 이처럼 조선 사대부나 외국 선교사 모두에게 새
로운 세상을 건설할 집단으로 인식되었다. 이런 상황에서 실제로
손화중 포의 주도하에 동학군이 봉기하자, 예언을 신봉했던 농민
들은 이제야 비로소 억압과 굴종이 없는 세상이 도래할 것이라는
기대감으로 열광했던 것이다.

　그렇다면 미륵불의 비결을 입수한 것으로 알려진 동학교도가
꿈꾸던 세상은 어떤 것일까? 이에 대한 해답은 비결 사건이 선운

사 도솔암 근처의 미애불에서 일어났다는 그 자체에서 찾을 수 있을 것이다. 도솔암은 미륵이 설법하고 있다는 도솔천의 세계를 의미한다.

미륵이 세상에 내려와 실현할 세상은 조선 말의 농민이 갈구해 마지않던 이상사회였다. 억압과 수탈이 판치는 고단한 현실을 견뎌온 동학교도는 아마도 이 도솔천, 즉 미륵의 세계를 갈망하였을 것이다.

이러한 열망이 그들로 하여금 자연스럽게 미륵불의 배꼽에서 비결을 꺼내면 새 세상이 열린다는 전설을 믿게 하고, 그에 따라 행동하도록 유도했을 것이다. 동학교도가 꿈꾸던 이상사회는 바로 미륵이 주재하는 새 세상이었던 것이다.

그러면 동학농민운동의 최고 지도자 전봉준은 이렇게 새 세상을 열망한 동학교도의 진정한 대변자였을까?

지금으로부터 약 120여 년 전인 1894년 3월 20일 전라도 무장에 모인 동학농민군은 전봉준의 지도 아래 보국안민輔國安民의 기치를 내걸고 무장에서 봉기를 일으켰다. 무장에서 시작되었다 하여 '무장봉기'라고 부르기도 한다. 이로써 동학농민운동이 마침내 시작되었던 것이다.

전봉준은 무장봉기 두 달 전인 그해 정월 1천여 명의 농민군을

전봉준

　전봉준(1855~1895)은 동학농민운동의 최고지도자로서 몸이 왜소하였기 때문에 녹두라 불렸고, 훗날 녹두장군이란 별명이 생겼다. 그는 직접 농사를 짓기도 하였으며, 농사일 외에 동네 어린이들에게 글을 가르쳐 주는 훈장 노릇을 하기도 하였다.

　전봉준은 1890년(고종 27) 무렵 동학에 입교, 그 뒤 얼마 안 되어 동학의 제2대 교주 최시형으로부터 고부지방의 동학접주(接主)로 임명되었다. 그는 1894년 정월 고부 군수 조병갑의 탐학에 맞서 1천여 명의 동학농민군을 이끌고 봉기하였다. 이 사건을 흔히 고부민란이라 한다.

　그러나 전봉준은 안핵사(按覈使)[*] 이용태가 사태의 모든 책임을 동학교도에게 돌려 체포, 살해 등을 일삼자 이에 격분, 1894년 3월 마침내 각지의 동학접주에게 통문을 보내 보국안민을 위하여 봉기할 것을 촉구하여 거대한 동학농민운동이 일어나게 된 것이다. 하지만 그는 운동이 실패로 돌아가자 피신 중 부하의 밀고로 그해 12월에 정부군에 체포되어 일본군에게 넘겨져 서울로 압송되어, 재판을 받은 뒤 1895년에 교수형에 처해졌다.

---

[*] 조선 후기에, 지방에서 발생하는 민란을 수습하기 위하여 파견하던 임시 벼슬아치.

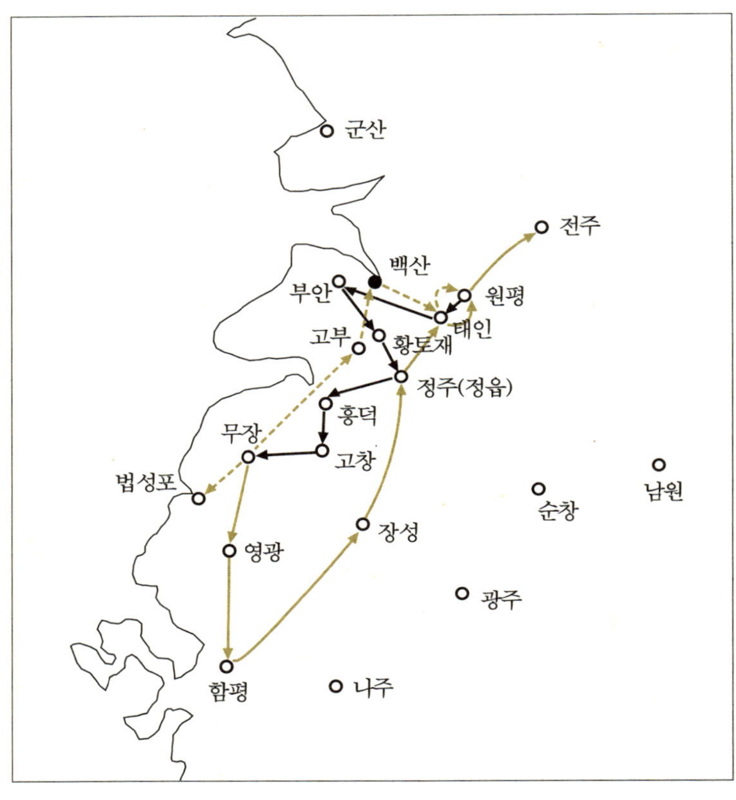

동학농민군이 무장에서 봉기하여 전주성에 입성하기까지 동학군 진격로.
무장(3월 20일) → 고부 → 백산 → 태인 → 원평 → 태인 → 부안 → 황토현 → 정주 → 홍덕 → 고창 → 무장(4월 9일) → 영광 → 함평 → 장성 → 황룡촌 전투 → 정주 → 태인 → 원평 → 전주(4월 27일).

이끌고 전라도 고부에서 고부민란을 일으켰다. 이에 놀란 조병갑이 전주로 도망가자 고부읍을 점령한 농민군은 무기고를 파괴하여 무장하고 곡식을 창고에서 꺼내어 농민에게 나누어주었으나, 안핵사로 파견된 이용태의 진압에 의해 실패하고 말았다.

안핵사가 사태의 모든 책임을 농민에게 전가하는 데 분개한 전봉준 등 동학 지도자들은 무장에서 동학교도들을 동원해 다시 봉기를 일으켰다.

전봉준을 비롯한 동학 지도자들이 무장에서 자신들의 봉기 목적을 밝힌 포고문, 이른바 두장 포고문을 각지의 동학교도들에게 보내고 궐기를 독촉하자, 교도들이 속속 가세하였다. 이어 전라도 고부현 백산白山에 집결한 1만여 명의 동학농민군은 '보국안민'의 슬로건을 내걸고 전면적인 봉기를 선언했다.

1894년 4월 부안을 점령한 동학농민군은 전주를 향해서 진격하던 중 전라도 정읍의 황토현黃土峴에서 전라 감영군監營軍을 맞아 이들을 대파하고 정읍·흥덕·고창 등을 석권하면서 파죽지세로 다시 무장에 진입하였다.

전주로 진격하던 농민군은 정부에서 파견한 중앙군을 장성에서 격퇴하고 드디어 그해 4월 27일 전주를 점령하였는데, 이는 전라도의 공권력이 거의 무력화되었음을 의미했다.

청군 출병을 요구하는 조선 정부

이에 놀란 양호초토사兩湖招討使* 홍계훈은 정부에 외국 군대의 파병을 요청했고, 결국 정부의 원병 요청에 따라 청나라 군대가 인천에 상륙하자, 일본도 천진天津조약**을 빙자해 조선에 군대를 파견함으로써 자칫 한반도가 외국군의 전쟁터로 변할 위기에 놓이게 되었다.

국가의 운명이 위태로워지자 농민군 지도부는 정부의 해산 명령에 일단 응하기로 하고 읍폐민막(邑幣民瘼 : 고을의 폐습이나 폐해로 백성이 고생하는 일)의 개혁을 위한 폐정弊政 개혁안을 제출하였다. 이 개혁안을 홍계훈이 받아들임으로써 정부와 농민군 사이에 전주화약이 성립되었다.

전주화약에 따라 전주에서 철수한 동학군은 각기 소속 군현으

* 조선시대 전란 중에 임시로 지방에 파견하는 특별 관원으로, 정3품 당상관 이상의 문·무 관원 가운데 임명되었다. 초토사는 특정 지역에서 군사를 징발하여 적을 토벌하게 하는 특수 임무를 수행하였는데, 양호초토사란 양호, 호남과 호서 지역에서 군사를 징발하여 적을 토벌하는 권한을 가진 초토사를 이른다.
** 1885년에 중국의 천진에서 일본과 청나라가 맺은 조약. 이토 히로부미와 이홍장이 조선에 있는 일본군과 청나라 군대를 철수할 것과 군대를 조선에 다시 파견할 때는 서로에게 미리 알릴 것을 합의하였다.

로 돌아가 집강소執綱所*를 설치하고 독자적으로 혹은 관과 협조하여 폐정을 개혁하였다.

동학군은 청일 양국의 충돌을 우려하여 전주에서 철수했으나 청일 양국은 정부의 철수 요청을 무시한 채 계속 군대를 증파하였다. 일본은 서울을 포위한 상태에서 조선 정부에 내정개혁內政改革을 요구하는 한편 청에게도 협조할 것을 요구하였다. 청나라가 이를 거절하며 공동철수를 주장하자, 일본은 6월 21일 궁궐을 침범하여 고종을 볼모로 삼고, 청일전쟁을 일으켰다.

일본군의 궁궐 침입 소식에 흥분한 농민군은 즉각 봉기하려 했으나 전봉준 등 동학 지도자들은 이런 움직임을 제지했다. 전라감사 김학진이 경복궁 점령 사건에 대한 대책을 상의하기 위한 회담을 전봉준에게 제의하자, 전봉준이 이를 수락하여 회담이 성사되었다.

이 회담 직후 전라감영에는 명목상 전라도 전 지역을 총괄하는 전라좌우도소全羅左右都所가 설치되었다. 전봉준은 일단 사태를 관망하기로 하고 전라좌우도소 이름으로 각 고을의 집강소에 통문

* 동학농민운동 때 동학농민군의 주도하에 전라도, 충청도의 여러 군현 단위로 설치된 폐정 개혁 기구. 한 명의 집강과 서기·집사(執事)·동몽(童蒙) 등의 임원이 행정 사무를 맡아보았다.

通文을 보냈다.

　방금 일본군이 궁궐을 침범하여 왕께서 욕을 당하였으니, 우리들은 마땅히 함께 죽음에 나가야 하지만, 그 적은 바야흐로 청나라 군사와 전쟁 중이어서 그 기세가 매우 강력하다. 지금 갑자기 항쟁하면 그 화가 뜻밖에 종사〔宗社 : 왕실〕에 미칠지 모르니, 물러나 은둔하여 시세를 관망한 연후에 기세를 올려 계책을 취하는 것이 만전지책(萬全之策)이다…….

　전봉준은 이처럼 일본군이 경복궁을 점령하고 국왕이 인질로 잡힌 상황에서 반일봉기를 일으켰다가는 종묘사직, 즉 왕실과 국왕의 운명이 어떻게 될지 모른다는 우려 속에서 각 접주들에게 일단 봉기를 자제하라고 지시한 것이다.

　이런 사정은 전봉준이 8월 11일에 만난 일본인 다케다 한시武田範之에게 한, 다음과 같은 진술에서도 잘 드러나고 있다.

　일본과 대원군이 하는 일을 우리가 아직 상세하게 알지 못하여 안심할 수 없다. 그러므로 나는 되도록 동지의 봉기를 제어하는 동시에 우리 정부의 움직임을 알려고 원하는 것이다.

동학군의 모습

1893년 10월 26일 창간한 일본의 천우협 기관지인 『이륙신보(二六新報)』 1894년 8월 11일자에 실려 있다. 이륙신보사 주필 영목(鈴木)은 "동학당원들은 황색, 청색, 흑색의 띠로 각기 부서의 구분을 두었으며, 의복은 진한 적색 마포로 해서 입었고, 등에는 화승총을, 허리에는 약통과 화승을 차고 있다."라고 삽화를 설명하였다. 지휘관 모습은 8월 12일자에 실린 삽화다. 양산을 들고 칼을 찬 채 말에 타고 있다.(역사학연구소 한국근현대사 200장면 설명 중에서)

　전봉준은 일반에 알려진 것과는 달리 상당히 온건한 인물이었다. 그는 일본과 대원군, 그리고 정부의 동향을 파악한 다음에 행동을 취하려고 한 것이다. 전봉준은 즉각적인 반일봉기를 주도하는 세력을 통제하면서 상황을 주시하였던 것이다.

　전봉준의 이런 자세는 일본군이 경복궁을 점령한 상황에서 나온 고육지책이었다. 당시 전봉준은 국왕을 오도하고 있는 주위의 권력자들에 대해서는 적대감을 갖고 있었을망정 "지금 우리 임금은 인효자애仁孝慈愛하고 총명한지라"라는 무장 포고군의 기록에서 확인할 수 있듯이, 현 국왕인 고종 자체에 대해서는 존중하고 있었던 것이다. 이 포고문은 전봉준이 직접 작성한 것으로 알려져 있다.

　전봉준의 이런 관망적인 자세가 항일운동으로 전환한 것은 대원군의 배후 공작 때문이었다. 대원군은 청나라로부터 군사 지원을 받아 조선에서 일본군을 몰아내려는 계획을 수립하면서 동학농민군도 이용하려 하였다.

　대원군은 임진왜란 때 조명朝明연합군이 일본군을 몰아냈던 역사적 선례를 원용해서, 조선 북부의 청군과 남부의 동학군이 동시에 일어나 서울을 장악한 일본군을 축출하려는 전략을 세웠던 것이다.

이 목적을 위해 대원군은 일본군과 결전하기 위해 조선에 투입된 청군 약 2만여 명이 집결하고 있던 평양에 밀사를 보내 자신의 전략을 알렸다. 다른 한편으로는 밀사를 농민군 측에도 파견해 충청도의 동학군을 북상하도록 종용했다.

청군과 동학군이 일본군을 협공한다는, 당시 상황에서는 가장 이상적인 것으로 여겨진 이 전략은 동학군의 북상이 지연된 데다, 8월 평양전투에서 청군이 일본군에 대패함으로써 실패로 돌아갔다.

고종이 내린 밀지

협공 계획이 실패로 돌아감으로써 대원군으로서는 일본군을 축출할 수 있는 최후의 전략은 남쪽의 동학농민군을 동원하는 것뿐이었다. 대원군은 밀사를 파견해 항일봉기를 촉구하는 국왕 고종의 밀지를 주요 동학 지도자들에게 전달하도록 했다. 그 밀지의 내용은 다음과 같다.

너희들은 선왕조(先王朝)로부터 교화하여 내려온 백성들로서 선왕(先王)의 은덕을 잊지 않고 지금까지 살고 있는 것이다. 조정에 있는 자

는 모두 저들〔일본〕에 아부하고 있어 서로 은밀히 의논할 자가 한 사람

도 없으니, 외롭고 의지할 곳이 없어 하늘을 향하여 통곡할 따름이다.

방금 왜구들이 대궐을 침범하여 나라에 화를 입힌 바 운명이 조석(朝

夕)에 달려 있다. 사태가 이에 이르렀으니 만약 너희들이 오지 않으면

박두하는 화와 근심을 어떻게 하랴. 이로써 교시(敎示)하노라.

고종의 이 밀지는 전봉준에게 항일봉기를 결심하게 했다. 전봉

준은 고종의 밀지에 따라, 이전의 관망적인 자세에서 벗어나 적

극적인 항일운동을 조직했다.

이렇게 전봉준이 고종의 밀지에 따라, 이전의 관망적인 자세를

적극적인 항일봉기로 바꾼 것은 그가 본질적으로 당시 국왕인 고

종에게 충성을 다해야한다는 생각을 지닌 근왕주의자였기 때문

이다. 곧 그는 국왕의 명령에 따라 나라를 수호하기 위해서 항일

운동에 나섰던 것이다.

전봉준은 1894년 9월 초 전라도 삼례에서 전라도의 동학 지도

자들과 상의한 후, 항일봉기를 준비하였다. 동학의 제2대 교주 최

시형 역시 9월 중순 동학 지도자들에게 반일봉기를 촉구하는 통

문通文을 보냈다. 최시형의 이런 지시는 전라도뿐만 아니라, 최시

형의 직접적인 통제 아래 있던 충청도와 경상도, 나아가 황해도

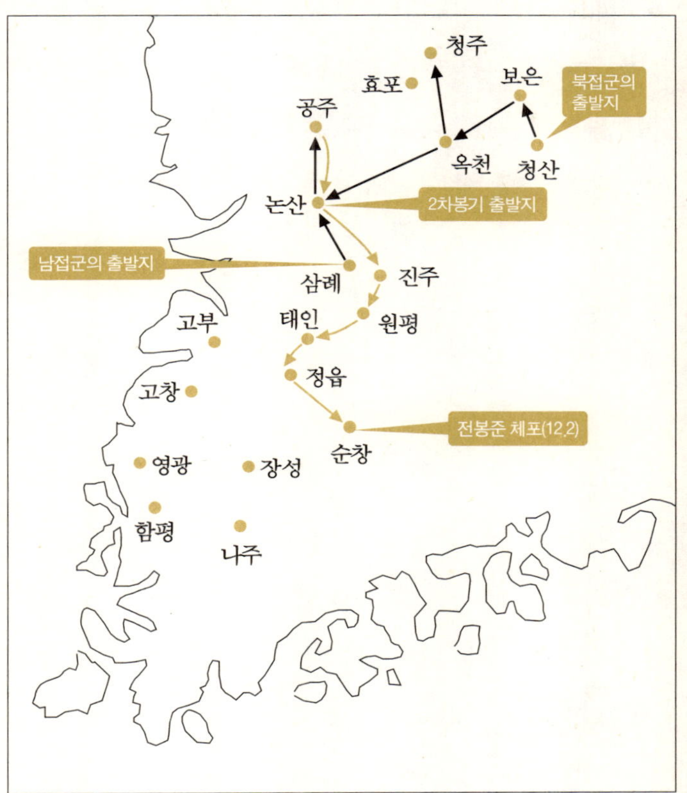

농민군의 반일봉기 진격로

전봉준의 남접군이 삼례에서 출발하였고, 최시형의 북접군이 청산에서 출발하여 논산에 모두 집결하였다. 동학군은 10월 말 공주성을 공격하였지만, 11월에 우금치에서 일본군의 신식 무기에 패하고 말았다.

동학농민군이 봉기에 참여하는 계기가 되었다.

이렇게 고종의 밀지는 삼남 지방을 중심으로 동학농민군이 반일봉기에 나서는 결정적인 계기가 되었다. 전봉준은 그해 10월 충청도 관찰사에게 보낸 문서에서, "오늘날의 조정 대신은 망령되게도 생명의 안전만을 도모하여 위로는 국왕을 협박하고 아래로는 백성을 속여 동쪽 오랑캐〔일본〕와 한편이 되어……"라고 하여 조정 대신들이 국왕을 협박하고 일본과 한편이 되었다고 비판했다. 이 역시 전봉준이 국왕 자체를 부정한 것이 아니라, 오히려 충성의 대상으로 삼았음을 뜻한다.

그해 11월 정부군 등에게 고시한 글에서도 전봉준은, "충군忠君 우국지심憂國之心이 있으면 곧 의리로 돌아와 서로 상의하여 척왜斥倭 척화〔斥化 : 개화를 배격함〕하여 조선으로 왜국이 되지 않게 하고 동심 합력하여 대사를 이루자."라고 하면서, 임금에 대한 충성을 강조하고 있다.

전봉준은 각 지역에 통문을 보내거나 사람을 직접 보내 농민군을 모았는데, 전라도에서만 9월 말까지 모병한 수가 4천여 명에 달하였다. 충청도 청산에는 최시형의 지시에 따라 10월 초순에 2만에 달하는 동학군이 집결했다. 여기에는 충청도뿐만 아니라 멀리 진주, 안성 등 경상도와 경기도 지역의 농민군까지 참가했다

전봉준은 10월 12일 논산에 도착하였는데, 이어 최시형의 지시로 청산에 모인 동학군 가운데 일부도 동학의 제3대 교주가 될 손병희의 인솔 아래 10월 16일 무렵 논산에 이르러 전봉준 부대와 합류했다. 당시 일본군의 정보에 따르면, 그 수는 약 3만여 명에 달하였다.

전봉준과 손병희의 지도 아래 동학군은 10월 말 공주성을 공격하기 시작하였으며, 11월에는 천안과 공주 사이의 전략적 요지에서 신식 무기로 무장한 일본군에 맞서 싸웠으나 전력의 열세를 극복하지 못하고 패하고 말았다.

전봉준의 충군애국

패배 후 전봉준은 전라도 금구에서 군대를 해산하고 서울의 상황을 탐지하기 위해 서울로 향하던 도중, 순창에서 체포되어 일본인에게 심문을 받았는데 다시 봉기한 이유를 묻는 질문에 이렇게 대답한다.

귀국〔일본〕이 개화(開化)라 칭하고 처음부터 일언반구의 말도 민간에게 공포함이 없고 알리는 글도 없이 군대를 거느리고 서울에 들어와

역사학연구소는 한국근현대사 200장면의 하나로 이 장면을 뽑고 다음과 같은 설명을 붙이고 있다. "전봉준의 유일한 사진에 대하여 '압송되는 모습'으로 알려져 왔다. 압송되는 모습이라면 1894년 12월 2일 순창 피노리에서 서울로 오는 과정의 모습일 것이나 『동경조일신문』 1895년 3월 12일자 기사에 '이미 법무아문의 심판에 회부된다면 사형을 면치 못할 것임으로 그 용모만이라도 촬영하여 두고 싶다는 사진사의 청에 의해서 촬영이 허가되었다.' 라는 내용이 있고, 『대판매일신문』에 사진의 구도나 인물묘사가 거의 같은 삽화가 실려 있다. 같은 장면을 사진사와 화사가 특별히 사진을 찍고 스케치하기 위하여 연출한 장면으로 보아야 하지 않을까 한다."

밤중에 왕궁을 공격하여 임금을 놀라게 하였다. 하기에 초야의 사민(士民)들이 충군애국지심(忠君愛國之心)으로 분개함을 이기지 못하여 의로운 병사를 규합해 일본인과 접전하여 이 사실을 일차로 묻고자 함이었다.

이처럼 전봉준은 조선 왕조 자체를 전복시키려고 봉기를 일으킨 것이 아니라, 국왕을 위협하는 일본군을 몰아낼 목적으로 '충군애국지심'에서 항일봉기를 일으킨 것이다.

이런 생각을 가진 전봉준이 "조정에 있는 자는 모두 저들〔일본〕에 아부하고 있어 서로 은밀히 의논할 자가 한 사람도 없으니, 외롭고 의지할 곳이 없어 하늘을 향하여 통곡할 따름이다."라는 고종의 밀지를 받고 봉기를 결심한 것은 당연한 일일 것이다.

한마디로 전봉준은 근왕주의자였다. 그의 제거 대상은 국왕 자체가 아니라 국왕 주위의 탐악한 권력자들이었다. 즉, 전봉준은 이들만 제거되면 관리들의 부정부패도 사려져 당시 국왕인 고종이 어진 정치를 펼칠 것으로 굳게 믿었다.

전봉준의 이런 인식은 "지금 우리 임금은 인효자애仁孝慈愛하고 총명한지라, 현량賢良하고 방정方正한 신하가 있어서 그 총명을 도우면 요순堯舜의 덕화와 〔중국 한나라〕 문제文帝와 경제景帝의 선치

善治에 도달하는 것은 그리 오래 걸리지 않을 것이다."라는 무장포고문의 기록이 뒷받침해주고 있다.

이런 전봉준은 현명한 신하들이 국왕을 도와 통치해야 한다고 생각하고 있었다. 그는 일본공사관에서 조사 받는 중에 일본인 심문관이 "네가 서울에 쳐들어온 후에 누구를 추대하려 했는가?"라고 묻자 이렇게 대답한다.

일본군을 몰아내고 악하고 간사한 관리를 쫓아버려 군왕(君王)의 곁을 깨끗이 한 후에는 몇 사람의 주석(柱石 : 주춧돌)의 사(士 : 선비)를 옹립해서 정치를 하게 하고, 우리 자신들은 바로 시골로 돌아가 상직(常職)인 농업에 종사할 생각이었다. 그러나 국사를 들어 한 사람의 세력가에게 맡기는 것은 커다란 폐해가 있음을 알고 있기 때문에 몇 사람의 명사(名士)가 협의하여 합의하는 합의법(合議法)에 의해 정치를 담당하게 할 생각이었다.

이 대답에서 알 수 있듯이 전봉준은 국정의 통치방식으로, '명망가'들의 합의정치를 구상하였다. 그는 원래 한 사람의 세도가에 의해 권력을 전횡하던 세도정치에 지극히 비판적이었다. 따라서 전봉준은 앞의 진술처럼 명망 있는 선비들이 국왕과 협력하는 통치 방식을 관철하려 했다.

전봉준은 이처럼 군주와, 공론公論을 담보하는 신하가 협력하는 조선시대 사림파의 이상인 군신공치君臣共治의 정치 운영을 바랐다. 이는 전봉준의 유학자로서 면모를 보여주는 단적인 사례일 것이다.

결론적으로 말해, 전봉준은 조선 왕조 존재 그 자체를 부정하는 것이 아니라 민씨 척족을 비롯한 탐관오리와 이들로 인한 폐단 등을 없애기 위해 봉기를 일으켰다. 한편으로 전봉준은 처음에는 반일봉기에 소극적이었다. 그 까닭은 일본군이 경복궁을 점령한 상황에서 봉기하면 국왕의 운명이 어떻게 될지 우려했기 때문이었다. 전봉준이 반일전쟁에 적극 나선 것은 대원군의 계획, 즉 국왕의 뜻을 파악한 이후였다.

한마디로 전봉준은 반체제 인사가 아니라 당시 국왕인 고종의 충성스러운 신하로 자처한 근왕주의자이자 유학자로서의 면모를 지니고 있는 인물에서 크게 벗어나지 않았다.

참고문헌

- 『동학농민전쟁사료총서(東學農民戰爭史料叢書)』
- 『주한일본공사관기록(駐韓日本公使館記錄)』

- 박맹수, 「최시형연구」, 한국정신문화연구원 박사학위논문, 1996.
- 배항섭, 「동학농민전쟁연구」, 고려대 박사학위논문, 1996.
- 유영익, 「전봉준 의거론」, 『이기백선생고희기념논총 한국사학논총』 하, 일조각, 1994.
- 이상백, 「동학당과 대원군」, 『역사학보』 17 · 18, 1962.
- 이희근, 「동학교단과 갑오농민봉기」, 단국대 박사학위논문, 1997.
- 정창렬, 「갑오농민전쟁연구」, 연세대 박사학위논문, 1991.

「양반전」의 저자
박지원과 실학자들은
양반특권 옹호자?

「양반전」은 신분 해방 문학?

대표적인 실학자로 알려진 연암 박지원(1737~1805)의 소설들은 재미있어, 오늘날까지 우리에게 잘 알려져 있다. 하지만 그의 작품은 단지 재미만으로 잘 알려져 있는 것은 아니다.

그 재미 이면에 많은 것을 생각하게 하는 풍자가 있기 때문이다. 「호질」, 「허생전」, 「양반전」을 비롯한 그의 작품들은 재미와 풍자라는 두 마리 토끼를 잡음으로써 독자적인 작품 세계를 구축하는데 성공했다.

특히 「양반전」은 연암의 대표적인 작품이다. 이 「양반전」은 총 922자로 짤막한 이야기이다. 짧다면 짧은 이 「양반전」은 당시 사회에 대한 풍자를 담고 있어 많은 학자들의 논쟁 대상이 되어 왔던 작품이다.

1939년에 김태준*은 그의 저서 『조선소설사』에서 〔양반전은〕

「호질」과 「허생전」

　　「호질」과 「허생전」은 박지원이 지은 한문 소설이다. 「호질」은 호
랑이를 통하여 도학자의 위선을 신랄하게 꾸짖는 것이 주된 내용이
다. 「허생전」은 가난하지만 가족의 생계를 제쳐놓고 독서로 세월만
보내는 허생이 아내의 책망을 받고 나서 장사로 크게 성공한다는 것
이 주된 내용으로, 선비들이 자신의 능력을 공리공론의 벽에 가두지
말고 사회와 나라를 위해 기여할 것을 제안한 작품으로 알려져 있다.
이 두 작품은 『열하일기(熱河日記)』에 실려 있다.

당시 엄격한 계급 관습을 타파코자 한 것이며 일면으로 돈 많은
사람이 양반이라는 봉건 붕괴 사상을 암시한 것이며 〔양반〕전 속
에 실린 양반 백행〔百行 : 온갖 행실〕은 조선 예의가 너무도 형식에만
나아가서 말세적 관습을 일렀다고 비소〔鼻笑 : 코웃음〕한 것이다.”라
고 하여, 「양반전」을 반봉건 또는 근대적 의식을 주제로 한 작품
으로 높게 평가했다.

* 김태준(1905~1950)은 평안북도 운산 출생의 국문학자이다. 그는 1926년 경성제국
대학 예과에 입학하였고, 1931년 경성제국대학 법문학부 문과를 졸업하였다. 조선어
문학회를 결성하기도 하였으며, 저서로는 『조선소설사』(1934), 『조선한문학사』(1931)
가 있다.

이후 학계에서는 「양반전」을 계급 타파, 형식주의 타파, 봉건경제 해체, 양반의 위선 폭로 등을 제기한 근대사상을 지닌 작품으로 높게 평가해 왔다. 이런 평가는 현재도 유효해서 지금까지도 그는 흔히 신분 해방의 선구자로 알려져 있다.

도둑놈 같은 양반 노릇 못하겠다

양반, 그것도 당시 집권당이었던 노론 출신이었던 박지원은 과연 신분해방론자였을까? 박지원의 가문은 노론의 명문가였다. 그는 1765년 처음 과거에 응시했으나 낙방했으며 이후로 과거 시험에 뜻을 두지 않고 오직 학문과 저술에만 전념하였다.

1768년 박지원은 지금의 탑골공원 부근으로 이사했다. 이 무렵 홍대용, 이덕무 등과 이용후생利用厚生에 대해 자주 토론했다. 1780년 팔촌형인 박명원이 청나라 고종의 70세 진하사절 정사로 북경으로 가게 되자, 그를 수행해 압록강을 거쳐 북경과 열하를 여행하고 돌아왔다.

이때의 견문을 정리해 쓴 책이 『열하일기』이며, 이 속에서 평소의 이용후생에 대한 생각을 구체적으로 표현하였다. 이 저술로 인해 문명이 일시에 드날리기도 했으나, 특히 자유분방하고도 세

속적인 문체로 호된 비판을 받기도 하였다.

　1786년 박지원은 처음 벼슬에 올라 종5품의 관직인 한성부 판관을 비롯하여 충청도 면천 군수 등을 지냈으며, 1800년 종3품인 강원도 양양 부사를 끝으로 관직을 그만두었다.

　이런 박지원이 신분해방론자인지 아닌지를 가리기 위해 먼저 「양반전」의 내용을 살펴보자. 그 줄거리는 대략 이렇다.

　강원도 정선에는 가난하지만 책 읽기를 좋아하는 정선 양반이 있었다. 그가 해마다 관아에서 환곡(정부가 춘궁기에 곡식을 빌려주었다가 추수 후에 원곡과 함께 1할의 이자를 붙여 회수하던 구휼미)을 빌렸는데, 몇 년 후에는 무려 천 섬이나 되었다. 그 고을 수령은 양반인 그의 처지를 동정하여 독촉하지 않았다. 그런데 감사가 순행 중 그 사실을 알고 빨리 갚으라고 엄명을 내렸다. 양반은 별 다른 도리가 없었기 때문에 같은 동네에 사는 천한 부자賤富에게 양반 신분을 팔아 천 섬을 갚았던 것이다.

　수령은 이 사실을 알고 관아에다 입회인을 죄다 모아 놓고 양반과 천한 부자를 불러 두 사람 간의 양반 양도 증서를 정식으로 만들어 주고, 양반이 되면 실천해야 할 행동을 조목별로 일러주며 문서로도 작성해 주었다.

그 내용은 절대 비루한 일을 하지 말 것, 도살하지 말 것, 노름 하지 말 것 등 대개 양반이 마땅히 실천해야 할 행위와 금해야 하 는 행위에 대한 37개 절목節目으로 이루어졌다.

이 절목들은 양반이 정덕正德을 닦고 선비의 도리를 갖추는 데 필요한 것으로 양반의 규범이었던 것이다. 즉 천한 부자와 같은 존재가 양반이 되기 위한 필수적인 행위 규범인 것이다. 천한 부 자에게는 이런 것들은 한낱 자신을 구속하는 형식 규범일 뿐이다.

이렇게 새벽부터 밤중까지 규제 투성이인 세밀한 사항에 놀란 천한 부자는 이렇게 항의한다.

"양반은 신선과 같다고 들었는데 이런 것뿐입니까. 양반에게 이롭도록 고쳐 주십시오."

이에 수령은 마을 사람들을 마음대로 부릴 수 있다는 등 양반 의 신분적 우위를 늘어놓자 천한 부자는 대경실색하며 도둑놈 같 은 양반 노릇을 못하겠다고 달아나 버렸다는 것이다.

연암 박지원은 「양반전」 머리말에서 이렇게 말했다.

선비는 곤궁하더라도 선비의 본분을 잃어서는 안 될 것이다. 선비가 명망과 절행(節行) 닦기를 힘쓰지 않고 다만 문벌〔門閥 : 대대로 내려오는 그 집안의 사회적 신분이나 지위)을 재물로 삼아서 가문을 팔고 사고한다면 장사치와 무엇이 다르리오.

연암에게 정선 양반은 자신의 신분을 남에게 팔아 선비의 도리를 상실한 존재로 마땅히 규탄되어야 할 대상이었다. 당연히 정선 양반은 연암의 양반상과는 동떨어진 인물인 것이다.

연암에게 양반이란 독서로 지조를 지키고 명망과 절행을 닦아 치민治民에 힘쓰는 것 자체였다. 박지원은 자신의 저서 『과농소초』*에서 선비는 공맹정주지서(孔孟程朱之書 : 공자·맹자·정자·주자의 책)를 익혀 그 이치를 깨달아 마음을 바로잡고 몸을 다스리는(治心修身) 방법을 실천하고 말업의 조그만한 재주(末業小技)라도 학문으로 배워야하며 더욱이 농업은 민생의 대본大本이니 그에 힘써야하는 존재였던 것이다.

물론 양반이 직접 생산업에 종사해야 한다는 뜻은 아니었다. 이는 양반이 정덕正德만이 아니라 이용후생利用厚生의 이치도 깨닫고 중요하게 여겨 백성이 생업에 잘 종사할 수 있도록 인도해야

* 박지원이 조선 정조 22년(1798)에 농업 기술과 정책에 관하여 쓴 책이다. 중국의 기술을 도입하여, 재래의 경험과 기술을 개량할 것을 주장하였으며, 그 개혁안으로 토지 소유를 제한해야 한다는 한전법(限田法)을 제시하였다.

한다는 의미인 것이다.

그런데 정선 양반은 그의 무능도 문제이지만 보다 중요한 것은 몰락하였다해서 가문을 팔아 선비도를 상실했다는 점에서 박지원이 추구하는 이상적인 양반상과는 먼 대표적인 인물이었다.

따라서 정선 양반은 연암의 철저한 풍자·규탄 대상인 것이다. 그런데 양반이란 신분을 팔아먹었다는 점에서 풍자의 대상이었지, 당시의 양반 계급 전체가 타도되어야 할 풍자의 대상은 아니었다는 점이다.

빈곤한 양반, 박지원

이런 그의 의식은 자신의 처지와도 밀접하게 관련되어 있다. 연암은 나주 반남潘南 박씨 출신인데, 그의 5대조 미는 국왕 선조의 사위이었고 할아버지 필균만 하더라도 영조 때에 동지돈령부사同知敦寧府事*를 지냈을 정도로 그의 가문은 당대 최고의 가문이었다.

연암의 아버지 사유가 일찍 세상을 떠나는 바람에 박지원은 조

---

* 조선시대 돈녕부에 소속된 종2품의 벼슬아치이다. 돈녕부는 왕실의 대군(大君)과 군(君)이 소속된 종친부에 속하지 않은 종친과 외척을 위해 설치되었던 관아.

연암 박지원

연암은 「양반전」을 통해 양반 신분까지도 내다파는 파행을 자행하던 당시의
양반들의 행태를 개탄하고 진정한 양반상의 회복을 촉구하였던 것이지, 조선
의 양반 특권적인 신분 질서를 부정한 것은 아니다.

부의 손에서 자라났는데 조부마저 세상을 떠나자 유복한 생활을 이어가지 못했다. 그가 벼슬길에 올랐을 때가 나이 쉰 살인 1786년(정조 10)이었고 그것도 종9품인 선공감역(繕工監役 : 토목과 건물수리를 관장하던 관서의 벼슬아치)이었다. 그 후 그는 수령을 지낸 정도였다.

그러나 박지원은 「양반전」 머리말의 "선비는 곤궁하더라도 선비의 본분에서 떠나지 말아야 한다."라는 구절처럼 벼슬길에 오르기 전 유복하지 못한 환경 속에서도 당대 최고의 지식인인 홍대용 등과 교류하면서 선비의 본분을 다하기 위하여 학문에 정진하였다.

연암은 「양반전」을 통해 기존 신분 질서를 부정한 것이 아니라 오히려 정선 양반처럼 양반 신분까지도 내다파는 당시 양반들의 행태를 개탄하고 선비의 본분을 지키는 진정한 양반상의 회복을 촉구하였다.

연암의 이런 인식은 천한 부자에 대한 기술에서 보다 분명하게 드러난다. 천한 부자는 천 섬을 주고 양반 신분을 얻지만 그것으로 모든 일이 끝나지 않았다. 수령의 주재 아래 양반 매매 문서가 만들어진다. 그 문서에는 천한 부자의 말처럼 실리란 전혀 없고 지키기가 곤란하고 귀찮은 내용으로 가득 차 있었다.

그러나 천한 부자도 천 섬이나 주고 산 양반 신분을 쉽사리 버

릴 순 없었던 것이다. 따라서 천한 부자는 양반이 누릴 특권을 반
영한 문서로 고쳐줄 것을 요구한다. 이 두 번째 문서에 반영된 특
권이란 것도 단지 착취나 도적질과 같은 것뿐이었다. 끝내 천한
부자는 대경실색하며 도둑놈 같은 양반 노릇은 못하겠다고 달아
난다. 결국 천한 부자는 학문을 닦아 선비의 도를 갖춘 자들만이
양반 지위를 누릴 수 있다는 사실을 깨닫고 자신의 재산만을 잃
게 되는 인물인 것이다.

　연암은 「양반전」에서 정선 양반뿐만 아니라 자신의 부를 통해
양반 신분을 누려 보겠다는 천한 부자의 어리석음도 조롱하였다.
이처럼 연암이 「양반전」을 통해 전하고자 한 것은 학문을 닦는 선
비만이 양반의 지위를 누릴 수 있다는 메시지였던 것이다.

연암의 양반상

　이렇게 「양반전」은 연암 박지원의 특권 의식이 확고하게 드러
난 작품이다. 그렇다면 학계의 일반적인 견해처럼 그는 과연 신
분해방론자였는가. 이는 「양반전」 머리말 중 다음의 내용에서 확
인할 수 있다.

선비라는 것은 하늘이 준 작위(爵位)이니, 선비의 마음은 지(志)이어야 한다. 지란 어떠한 것인가. 권세와 이익을 꾀하지 말아야 하니, 현달하더라도 선비의 본분에서 떠나지 말아야 하며 곤궁하더라도 선비의 본분을 잃어서는 안 될 것이다. 선비는 명망과 절행(節行) 닦기를 힘쓰지 않고 다만 문벌(門閥)을 재물로 삼아서 가문을 팔고 사고하니 장사치와 무엇이 다르리오.

"사는 하늘이 내린 작위(士乃天爵)"라고 선언하고 있는 연암의 관념에서 반봉건 의식, 즉 봉건계급 파타 의식을 찾는 것은 불가능하다. 또한 "사士는 명망과 절행節行 닦기를 힘쓰지 않고 다만 문벌門閥을 재물로 삼아서 가문을 팔고 사고하니 장사치와 무엇이 다르리오."란 구절에서도 기존 신분 질서를 파괴해야 한다는 것이 아니라 오히려 기존 신분 질서 유지를 옹호한 그의 의식을 알 수 있다.

물론 작품에서 천한 부자는 양반 신분을 사사로이 샀다. 하지만 그것도 일시적인 것이었고 천한 부자가 양반 신분을 포기하고 가버림으로써 기존 질서는 유지되었다. 여기서 기존 질서의 위기를 느낄 수 있지만 봉건계급의 타파나 반봉건적 의식은 도저히 찾아볼 수 없다.

이런 연암의 계급의식은 「허생전」에서도 명백히 나타난다. 허생이 이완에게 제시한 구국토청(救國討淸 : 나라를 구하고 청나라를 토벌하는 것)의 제1 방안은 현신賢臣을 얻는 데 있다. 하지만 현신이 참여하는 어진 정치란 바로 기존 정치 질서의 이상이기 때문에 기존 신분 질서를 옹호한 것이었다. 따라서 연암의 의식은 반봉건적일 수 없으며 그에게 절실한 문제는 기존 질서가 유지되는 위에 사士로써 현실 정치에 참여할 수 있는 방안의 모색일 뿐이었다.

한마디로 「양반전」이 말해 주는 것은 기존 신분 질서를 부정한 것이 아니라 오히려 기존 신분 질서 유지를 옹호한 것이다. 물론 여기서 당시 정선 양반으로 대변되는 일부 양반들이 신분까지도 파는 행위를 자행하는 것을 통해 기존 신분 질서의 붕괴 현상에 대한 연암의 위기의식을 느낄 수 있다. 연암이 「양반전」에서 말하고자 했던 것은 기존 질서의 위기를 초래한 일부 양반의 행태를 개탄하고 진정한 양반상의 회복을 촉구한 것이다.

박지원은 봉건계급 타파를 주창한 근대 의식의 선구자가 결코 아니었다. 그와는 반대로 양반의 신분은 하늘이 부여해 준 것으로 믿어 의심치 않는 선민選民사상을 뼈 속 깊숙이 간직한 양반 특권 체제 옹호자였던 것이다.

실학자들도 양반 특권 체제 옹호

이렇게 실학자들 가운데 대표적인 인물인 박지원은 양반 특권 체제 옹호자였고 통념과는 달리 다른 실학자들 역시 마찬가지였다. 이들 실학자가 양반 체제 옹호자였다는 사실은 그들의 양반 우대론에서 분명해진다.

다산 정약용은 그의 저서 『목민심서』*에서 수령들에게 자기 고을 내의 귀족들을 예우하도록 당부하고 있다. 다산이 말하는 귀족이란 양반을 가리킨다. 그는 양반兩班은 본래의 뜻에 따라 문·무 관리에 대한 지칭으로만 써야 하고 그 대신 이른바 양반으로 불리는 계층은 귀족이라 불러야 마땅하다고 했다.

다산이 양반을 귀족이라 불러야 한다고 주장한 이유는 명확하다. 양반이란 결국 과거에 합격하여 벼슬을 지낸 사람들의 후손을 말하는데 과거에 합격해 벼슬을 했다는 것은 군자가 되었다는 것이다. 즉 학문과 덕행의 면에서 사회의 스승이 되고 지도자가 될 만한 자격을 갖추고 있다는 것이다. 그러한 자격을 인정받아 관리로서 나라의 부름을 받고 일선에 나아가 지도자로서의 직책

* 정약용이 지은 책으로, 지방 관리들의 폐해를 없애고 지방 행정의 쇄신을 위해 지방 관리들의 잘못된 사례를 들어 백성들을 다스리는 도리를 설명하였다.

을 수행하였다는 것이다.

그런 사람들의 후손들이 비록 자신은 벼슬을 하지 않았다 하더라도 대대로 학문을 닦고 예를 실천하기 마련이기에 귀족이라는 것이다. 시대가 내려올수록 귀족은 많아지지만 관직의 수는 일정하여, 궁벽한 지방에 사는 귀족은 벼슬길에 오를 가능성이 거의 없어졌다. 하지만 그들 역시 귀족이므로 귀족으로서 예우해야한다는 것이 그의 주장이다.

이런 주장은 다산 정약용에겐 단순히 양반을 예우한다는 문제가 아니라 정치와 사회의 기강을 바로잡는 기본이었다. 사실 그것은 조선시대의 정치와 사회를 지배했던 이념인 동시에 풍조였다. 가령 당시 정책입안자들이 자주 내세웠던 "민심은 잃어도 되지만 사대부의 인심은 잃으면 안 된다(民心可失 士心不可失)."라는 주장이 그 단적인 사례이다.

그 구체적인 표현은 바로 이익의 "4대에 현관顯官이 없는 사람은 군액軍額에 충당한다고 하나 벌열세족閥閱世族들의 경우 설사 그들이 여러 대 동안 벼슬을 하지 않았다 하더라도 그것을 이유로 그들을 졸지에 군오軍伍에 편입시켜 미천한 백성들과 동일하게 다룰 수 있겠는가!"라는 주장이다.

실학자들의 이런 양반 특권 옹호론은 노비제도를 강화해야 한다는 퇴행적인 신분관에서 보다 분명히 드러난다. 가령 정약용은 임진왜란 때에는 양반들이 많은 노비들을 소유하고 있었기에 의병을 일으킬 수 있었지만, 홍경래의 난 때는 한 집에 한 사람의 노비도 낼 수가 없어서 의병을 조직할 수 없었다고 했다. 이러한 현상은 1731년(영조 7) 노비의 양인 처 소생은 모두 양인이 되도록 한 종모종량법從母從良法 실시 때문에 일어났다는 것이다.

따라서 정약용은 옛 노비법을 회복하지 않으면 나라의 난리와 멸망을 막을 수 없다고 단정했다. 결국 그는 조선 왕조의 존립을 위해서는 양반의 특권 보호가 필요하고, 양반 특권 보호를 위해서는 노비제의 강화 유지가 필요하다고 주장했다.

그런데 종모종량법은 1669년(현종 10) 송시열*의 건의에 따라 처음 시행되었지만, 1690년(숙종 16)에 송시열의 법이라 하여 혁파되었다. 이 법은 그 후 1731년에 다시 시행된다. 결국 실학의 집대성자로 알려진 정약용조차도, 대표적인 주자학자로서 극히 보수적인 인물로 알려진 송시열보다도 더 보수적인 인물임을 알 수 있다.

---

* 조선 중후기의 대표적인 문신(1607~1689)으로, 호는 우암(尤庵)이다. 효종의 장례 때 대왕대비의 상복 문제로 남인과 대립하고, 후에는 노론의 영수로서 1689년(숙종 15)에 왕세자의 책봉에 반대하다가 사약을 받았다.

유형원은 송시열처럼 종모종량법 실시를 주장하되 공로와 재능이 있는 사람에게 면제되는 길을 열어주어 점차로 노비수를 줄어나가자며, 정약용보다는 진전된 제안을 했다. 물론 유형원 역시 그의 저서 『반계수록』*에서 "귀한 자는 남을 부리고 천한 자는 남에게 부림을 당하는 것은 변경할 수 없는 법칙"이라 강조한 것처럼, 결코 신분제, 즉 양반 특권 그 자체를 부정하지 않았다.

이익의 경우도 유형원보다는 온건하지만 노비 소유를 억제해야 한다고 제안했다. 그는 노비 소유를 1백 명으로 제한하여 그 이상과 5세 이하 노비는 양인으로 만들되, 그 방법은 정부에서 정한 저렴한 가격을 노비 스스로가 부담한다면 노비에서 해방시키자는 것이다.

이익 역시 이처럼 1백 명이란 제한을 두자고 했지, 토지와 함께 양반의 주요 경제적 기반이었던 노비를 해방시키자는 것은 물론 그 약화조차도 언급하지 않았다. 당시 노비 1백 명 이상을 소유한 사람이 얼마나 되었겠는가.

유형원이나 이익의 이런 제안은 결코 인권사상에 입각한 것이

---

* 유형원이 지은 저작집으로, 여러 제도에 관하여 고증하고 제도 개혁의 경위를 기록하였으며, 균전제를 중심으로 하는 토지 개혁안을 논하였다. 조선시대의 사회와 경제, 특히 토지제도를 연구하는 데 귀중한 자료이다.

아니라, 국역國役을 부담하는 양인층이 급격히 감소하자 노비 증가를 억제하여 국가재정의 감축을 방지하려는 절박한 상황에서 비롯된 것이다.

한마디로 노비제도를 완화하거나 축소하자는 그들의 주장은 유형원의 "노비가 점차 많아져 10명 중 8, 9명이나 되고 양인은 점점 줄어 10명 중 한두 명이 될 뿐이다."라는 지적처럼, 국역을 부담하는 양인층 확보라는 국가재정 확충 차원에서 제기된 것에 불과한 것이다.

어쨋든 그 정도의 차이는 있지만 실학자들이 극히 보수적인 신분관을 가지고 있었다는 것은 그들이 결코 인권 옹호론자들이 아니었다는 사실을 반증해주는 것이다.

이들 실학자가 양반 기득권층을 옹호했다는 사실은 조선시대 국부의 원천인 토지에 대한 그들의 이른바 개혁론에서도 확인할 수 있다.

조선 후기에 와서 왕조의 주된 문제는 재정 수입 부족과 농민의 빈곤이었다. 그것은 양반 지주들이 토지를 독점한 데서 비롯되었다. 이들은 토지를 독점했음에도 지방관과 아전에게 뇌물을 주는 등 불법적으로 자신들의 토지를 양안(量案 : 토지대장)에 올리지 않는 방식으로, 징세 대상에서 제외시켜버렸다.

그 결과 세금 징수가 가능한 토지가 양안에 제대로 오르지 못했다. 예컨대 1769년(영조 43)까지 토지대장에 오른 토지는 131만 결이었다. 이는 임진왜란 이전 170만 결에 비해 크게 부족했으며, 그것도 131만 결 가운데 단지 80만 결만이 과세 대상이었다. 때문에 정부의 세원稅原은 크게 위축되었다.

더구나 양반 지주들은 고위 관리들의 비호 아래 비옥한 토지를 소유했음에도 힘없는 일반 농민의 척박한 토지와 같은 세금을 내는 토지세 제도를 유지하려 했다. 토지가 비옥하냐 척박하냐에 따라 단위 면적당 소출량은 크게 차이가 난다. 일제 때의 한 보고서에 따르면 1결당 소출량은 가장 척박한 토지의 150두로부터 가장 비옥한 땅의 900두였다고 한다. 하지만 이런 차이를 무시한 채 『만기요람萬機要覽』* 재용편財用篇에 따르면 1결당 100두를 거두었다.

특히 고위 관리들 그 자체가 대토지 소유자였기 때문에 자신들의 이익이 보장되는 이런 퇴행적인 조세 제도를 유지시켰다. 영세하면서도 척박한 토지를 소유한 농민은 이런 불합리한 조세 제도 때문에 부담이 가중되어 항상적인 빈곤 상태에 빠져있었다.

* 왕명으로 1808년(순조 8)에 편찬된 책으로, 조선 후기 왕조의 재정과 군정에 관한 내용들이 집약되어 있다. 「재용편」은 6권, 「군정편」은 5권으로 되어 있다.

이에 따라 농민 반란의 가능성이 공공연히 있었고, 실제 19세기는 '민란의 세기'라 부를 만큼 농민 반란이 빈번하게 발생했다.

정부의 재정 부족과 농민의 빈궁 문제에 관심을 가진 관리나 학자들 가운데 일부는 위의 두 문제를 해결하려는 유일한 해결책은 개인의 토지 소유를 제한하거나, 정부가 모든 토지를 몰수하여 이를 신분에 따라 차등 있게 재분배해야 한다고 주장했다. 그 대표적인 논자들로 유형원, 이익 등을 들 수 있다.

유형원은 국가가 모든 토지를 국유화하여 모든 평민들에게 동등하게 분급하자는 균전제均田論를 제의했다. 물론 그는 신분이나 직위가 상위 서열에 위치한 관료나 양반은 토지 가운데 보다 큰 몫을 제공해야 한다고 했다. 그 구체적인 안을 보면 농민 한 사람에겐 1경頃을 지급하지만, 사대부나 관리에겐 2~12경의 토지를 차등을 두어 지급하자는 것이었다.

유형원의 이런 제안은 개인의 소유를 없애 일반 농민에겐 수입과 생산을 위한 확고한 기반을 보장하는 한편, 정치적 사회적 엘리트에 대해서는 경제적 기초를 마련해 주자는 것이었다고 할 수 있다. 유형원의 이런 주장도 양반 특권을 인정하는 것이었다.

이익은 유형원의 토지국유화론과 같은 보다 급진적인 방법의 균전론을 피하면서 토지 사적 소유의 현실을 인정한 가운데 점진적인 방법을 통한 균전제의 실시를 주장했다. 그는 개인의 사적 소유를 없애고 양반 특권을 철폐하는 조치는 분명히 토지 소유자나 지배층의 반발로 좌초될 것으로 인식했다.

따라서 이익은 개혁이 성과를 거두기를 바란다면 그 유일한 해결책은 소유권에 대하여 법적 제약을 가하는 점진적인 접근 방식밖에 없다고 믿었다. 그는 소수의 토지 독점 현상은 빈민의 토지 방매에서 비롯된 것으로 보았다. 따라서 빈민의 토지 방매를 방지하기 위하여 일정한 토지 면적으로써 가구당 영업전永業田을 설정해서, 이 영업전 외의 토지 매매는 허용하되 영업전은 일체 매매를 금지하자고 했다. 그러면 빈민의 경우 토지를 매입하여 그의 영업전 액수를 채울 수 있고, 부자는 토지 방매나 자손에게 분할 상속 등을 함으로써 점차 영업전의 규모에 가까워지도록 한다면 균전제는 저절로 이루어질 것으로 보았다.

토지 문제에 대한 가장 급진적인 해결책은 정약용의 정전제井田制일 것이다. 그는 개인의 소유권을 위계적인 정치 구조 아래 통합된 공동체의 공동 소유로 대체하자는 것이었다. 그의 제안에 따르면 토지를 공동 소유하기 때문에, 평등한 토지 분배는 없지만 재부를 평등하게 분배할 수 있게 된다는 것이다.

문제는 실학자들의 이런 토지개혁론이 위계적 사회질서, 즉 양

소작료를 지주에게 납입하는 장면
19세기 말 토지를 둘러싼 조선 농촌의 경제생활을 엿볼 수 있는 풍속화로, 구한말에 활동했던 김윤보(金允輔)의 〈풍속도첩〉 23점 중 하나이다.

반 특권을 보장하는 사회질서를 실현시키기 위한 주장이었다는 데 있다. 그것은 중국 송나라 때에 성리학자들이 성리학적 사회질서를 실현하려는 차원에서 제기했던 정전론·균전론·한전론 등에 그 뿌리를 두고 있기 때문이다. 예컨대 이익은 소식蘇軾의 한전론을, 유형원은 남송 임훈林勳의 균전론과 같은 성격의 토지개혁론을 제시했던 것이다.

이렇게 볼 때 유형원·이익 등이 균전론·한전론을 내세워 소수의 극단적인 토지 독점을 반대하고 차등 분배를 주장한 것은 결코 성리학적인 질서를 부정하는 논리가 아니라, 오히려 성리학이 추구하는 사회질서, 구체적으로 양반 특권을 인정하는 위계적 사회질서를 창출하려 했던 제안에 불과한 것이다.

이런 사정은 균전제를 실시하자는 주장이 중종(1506~1544) 때에 이미 주자학의 신봉자인 사림파에 의해 제기되었다는 점에서도 알 수 있다. 이는 『중종실록』 13년 5월조에 실려 있는 사림파인 박수량의 "우리나라는 백성의 빈부 차이가 너무도 심합니다. 부자는 그 땅이 한량없이 연해 있고 가난한 자는 송곳을 세울 곳도 없습니다. 비록 정전법이 훌륭하다 하더라도 지금은 시행할 수가 없으니, 균전법을 시행하면 백성이 실질적인 혜택을 입을 것입니다."라는 주장에서 확인할 수 있다.

정약용의 정전제도 여러 토지개혁안 가운데 가장 급진적인 것임은 분명하지만, 성리학적 사회질서를 구축하려는 개혁안에 불과한 것이다. 그것은 그의 아이디어가 성리학자인 정자(程子 : 정호·정이)의 정전론에서 비롯되었음은 물론이고, 구한말 대표적인 위정척사파인 이항로 등에 의해서도 제기되었다는 점에서 그러하다는 것이다.

이렇게 실학자들이 제안한 여러 토지개혁안 역시 사실 조선 중기 이래 사림파가 중국 성리학자들의 주장들을 수용하여 성리학적인 위계적 사회질서를 확립하려 했던 제안에 불과한 것이다.

물론 실학자들의 여러 개혁안도 그들 시대의 사회적 산물이다. 실학자들은 토지제도 등에 대한 개혁을 당장 실시하지 않으면, 만성적인 빈곤 상태에 처한 농민이 반란을 일으키게 되고, 그리되면 머지않아 조선 왕조 체제가 붕괴될 것으로 인식했던 것이다.

예컨대 정약용은 "곰곰이 생각해 보면 하나하나의 털끝만한 것까지도 병들지 않은 것이 없으며 지금 곧바로 개혁하지 않으면 반드시 나라를 망치고 말 것(『여유당전서與猶堂全書』 1집)"이라 단정했을 정도였다.

이익 역시 그의 저서 『성호사설류선星浩僿說類選』 기한작도飢寒作盜조에서 "우매한 백성들은 굶주림과 추위에 못 이기며 도적질하여 사는데, 이는 마치 이가 의복 틈에 있으면서 사람을 물지 않고는 살 수 없는 것과 같다."라고 지적하여 농민의 빈곤 문제를 해결하지 못하면 농민 반란이 일어날 것이라고 경고했다. 그는 이어 "황건적이 일어나 한나라가 마침내 망했는데, 이런 행적을 교훈으로 삼아야 한다(『성호사설류선』 인정국(人情國))."라고 하여, 농민 반란이 일어나면 조선 왕조는 멸망할 것이라고 주장했다.

　이런 위기의식 아래 이익 등 실학자들은 양반 특권을 보장하는 조선 왕조 체제를 유지하기 위한 방안으로 토지제도를 비롯한 이른바 각종 사회개혁론을 제시했던 것이다. 그 개혁론이 바로 오늘날 실학으로 지칭되고 있는 것이다.

　한마디로 실학은 통념과 달리 조선 왕조 체제라는 양반 특권을 보장하는 신분제적 사회질서를 유지하기 위한 개혁론이지, 결코 근대 지향적 학문 경향은 아니었다.

실학이란

흔히 알려진 실학이란 용어에는 결정적인 문제점이 있다. 학계에서는 대체로 한국 역사상 조선 후기에 일어난 새로운 학풍을 실학이라 일컬어 왔다. 그것도 거의 관용적으로 답습하여 사용되고 있는 실정이다. 여기서 실학은 근대사상적 요소를 지닌 개념으로 정립되어 있다.

그러나 조선 후기에는 일반적으로 사장(詞章 : 시가와 문장)이 아닌 경학(經學 : 사서오경을 연구하는 학문)을 공부하는 것, 즉 강경(講經 : 경서의 강독)을 '실학'이라 칭했다. 가령 『헌종개수실록』원년 1월조의 "나라 사람들이 강경을 업으로 하는 것을 실학이라 한다."라는 기사가 그 단적인 예이다.

이런 개념은 고려 말·조선 초에 이미 정립되어 있었다. 세종 12월 8일에 과거시험 방식을 둘러싸고 신료들 사이에 논쟁이 있었다. 이때 권근과 변계량이 개인적인 감정이 개입될 여지가 많다 해서 제술(製述: 논문식 필답시험)만으로 과거시험을 치르자고 했다. 이에 반대한 허조는 강경시험(경서를 대상으로 한 구술시험)의 실시를 주장하는 가운데 경학 공부, 곧 강경을 실학이라 말했다.

그것은 사장이 교화와 정치, 즉 경세치용에 있어 무익하지 않기 때문이었다. 이는 세종 12년 8월 22일에 황현 등이 경학 공부의 부흥책을 건의하면서, "시(詩)·부(賦) 등의 사장은 유자(儒者)의 말기(末技)에 불과하며, 정치와 교화에 아무런 도움을 주지 못하는 것입니다."라고 강조한 것에서 확인할 수 있다.

한나라 이래 유교 본래의 목적인 수기치인(修己治人)을 몰각한 채 사장에 치우친 한당(漢唐) 이래의 유학을 비판하고 수기치인을 주창한 학문인 성리학이 고려 말에 이미 수용되었다. 그 결과 유학자들은 사장과 대립된 개념으로서, 수기와 치인 곧 교화와 정치에 유용한 학문인 성리학을 실학이라 지칭했던 것이다.

이런 사정은 고려 말의 대학자인 이제현의 『역옹패설』의 "지금 전하께서 진정 학교를 넓히고 상서〔庠序: 학교. 향교(鄕校)를 주나라에서 '상(庠)', 은나라에서 '서(序)'라고 부른 데서 유래〕를 일으키며 육예〔六藝: 고대 중국의 6가지 과목으로 예(禮), 악(樂), 사(射), 어(御), 서(書), 수(數)〕를 높이고 오륜(五倫)의 가르침을 밝혀 선왕의 도를 천명한다면, 누가 참 선비를 배반하고 중을 따를 것이며, 실학(實學)을 버리고 장구(章句)만 익히는 자가 있겠습니까? 앞으로 자질구레한 글귀나 다듬는 무리가 경서를 밝히고 덕행을 닦는〔經明行修〕 선비로 변하는 것을 볼 수 있을 것입니다."라는 구절에서 확인할 수 있겠다.

여기서 실학이란 고려시대에 유행한 시부장구(詩賦章句)의 학(學), 즉 사장을 버리고 경명행수(經明行修)의 학인 실학으로 돌아감을 말하는 것이다. 이것은 바로 실학이 고려시대 사장의 학에 대립되는 의미에서 새로 수용된 성리학을 가리켜 말한 것임에 틀림없는 것이다.

물론 성리학에서는 자기 수양, 즉 수기의 방법은 성현의 서적을 널리 읽혀 이를 단지 훈고적으로 연구하고 해석하는 것이 아니라 자신의 체험과 결부시켜 해석함으로써 성현의 참 정신을 파악하여 실천하는 것이다. 하지만 여기서 수양은 결코 수양을 위한 수양에 그치는 것이 아니라 경세치용(經世致用)을 위한 것으로 유교 본래의 목적인 수기치인의 효과를 기대하는 것이다. 결국 성리학자들이 실학이 경학 공부, 곧 강경이 실학이라 지칭한 것은 여기서 비롯된 것이다.

따라서 고려 말과 조선 초 유학자들은 단지 강경이라는 좁은 의미로서가 아니라 성리학을 가리켜 실학이라고 하였던 것이다. 물론 그것은 성리학이 유명한 글이나 문장을 뽑아서 모아 외우는 사장에 대립되는 것으로, 직접 원전인 경서를 외우고 뜻을 밝혀 수기와 치인, 곧 경세치용에 유용한 학문이었기 때문이다.

요컨대 고려 말에 수용되어 조선 왕조의 통치이념이 된 성리학은 원래 수기와 치인을 목적으로 했다. 때문에 조선시대 유학자들은 성리학이 교화와 정치에 유용한 생활관과 경세론을 제공해 주는 실제적 학문이란 의미에서 이를 실학이라 했던 것이다.

그런데 조선 후기에 이르러 성리학은 형식적인 이론에 치우쳐 공리공담화되었다. 그 결과 성리학은 민생 등 현실 문제에 대한 논의를 도외시한 채 당쟁의 도구화된 예송(禮訟)[*]이나 이기론(理氣論)^{**}의

---

* 조선 후기 현종과 숙종대에 걸쳐 효종과 효종비에 대한 조대비(趙大妃 : 인조의 계비)의 복상기간(服喪期間)을 둘러싸고 일어난 서인과 남인 간의 두 차례에 걸친 논쟁. 표면적으로는 단순한 왕실의 전례문제(典禮問題)이지만, 내면적으로는 성리학의 핵심문제이면서 왕위계승원칙(지금의 憲法과 같음)인 종법(宗法)의 이해 차이에서 비롯된 율곡학파인 서인과 퇴계학파인 남인 간의 정권 주도를 둘러싸고 일어난 성리학 이념논쟁이었다.

공허한 논쟁에 기우는 경향이 강해졌던 것이다.

따라서 일부 관료와 학자들은 주자학이 오직 이론에 치중되는 현상을 비판하고 주자학 본래의 정신인 수기치인으로서의 학문인 실학으로 돌아가야 한다는 논의를 제기하였던 것이다. 당시 인물평에서 그가 실학적인가 아닌가가 중요한 기준이 되었던 것은 이런 시대 분위기를 반영한 것이라 볼 수 있다.

예컨대 『숙종실록』 숙종 4년 1월조에서 이희조는 생전에 유현(儒賢)이라 일컬어졌지만 오직 문장에만 능했을 뿐 그에겐 실학이 없었다고 부정적 인물평을 받았다. 반면에 『숙종실록』 숙종 46년 12월조에서 이세필의 경우는 정사의 시무에 실제적인 뚜렷한 목적을 가지고 있다 해서 그를 실학의 인물로 찬양한 것 등이 그 단적 사례이다.

이렇게 통시대적으로 존재했던 실학이 특정한 시기인 조선 후기에만 존재한 학문 경향, 즉 조선 후기의 고유한 학문 경향으로 자리 잡은 이유는 어디에 있었을까? 그것은 애초에 실학 연구를 할 때부터 조선 후기 성리학자들이 예송이나 이기론의 공허한 논쟁이나 벌이면서 실제 민생 문제 등을 해결하려는 사회개혁에 대한 논의는 도외시했다고 규정한 반면, 실용적이고 실증적인 연구를 통해 민생 문제나 사회개혁을 추구했던 학문 경향을 역사상에서 부각시키려는 의도에서 출발했기 때문이다.

** 성리학에서 이(理)와 기(氣)의 개념으로 자연·인간·사회의 존재와 운동을 설명하는 기본 이론 체계.

이런 의도에서 한 걸음 더 나아가 조선 후기의 사회가 중세 봉건 체제를 벗어나 근대사회로 이행하는 과도기이기에 실학의 사회개혁적 사상이 결국에는 중세 체제를 부정하고 근대 체제를 지향하는 것일 수밖에 없다는 결론으로 귀결되었던 것이다. 그 결과 실학은 어느 시대나 존재했던 경세치용적 학풍임에도 근대사상적 요소를 지닌 개념으로 정립되어 조선 후기의 고유한 용어로 정착된 것이다.

참고문헌

* 『만기요람』
* 『반계수록』
* 『성호사설』
* 『숙종실록』
* 『여유당전서』
* 『역옹패설』
* 『중종실록』
* 『헌종개수실록』
* 『이조시대의 재정』, 조선총독부, 1936.

* 김태균 외, 『한국문학사의 쟁점』, 집문당, 1986.
* 김현영, 「다산 정약용의 사족보호론」, 『공사논문집』 17, 1984.
* 박찬승, 「정약용의 정전제론 고찰」, 『역사학보』 110, 1986.
* 송준호, 『조선사회사연구』, 일조각, 1987.
* 유봉학, 「서유거의 학문과 농업정책론」, 『규장각』 9, 1985.
* 이원주 외, 『연암연구』, 계명대 출판부, 1984.
* 정성철, 『실학파의 철학사상과 사회정치적 견해』, 한마당, 1989.
* 제임스 팔레저, 이훈상 역, 『전통한국의 정치와 정책』, 신원, 1991.
* 천관우, 「반계 유형원 연구」 상 · 하, 『역사학보』 2 · 3, 1952.
* 한우근, 「성호 이익 연구」, 『진단학보』 20, 1957.
* 황패강, 『조선 왕조소설연구』, 단대출판부, 1991.

대원군의 개혁은 누구를 위한 것인가

- 백성이냐, 조선 왕조이냐

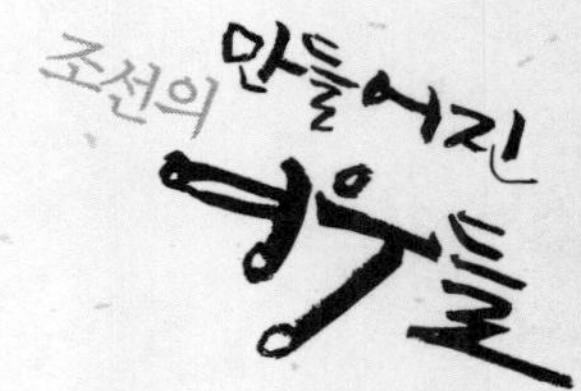

홍선대원군 이하응은 서원 철폐를 추진할 때 "진실로 백성에게 해악을 끼치는 것이 있으면 비록 공자가 다시 살아난다고 해도 나는 용서하지 않겠다."라고 선언했다. 대원군의 이 선언이 상징하듯, 그가 추진한 일들은 마치 백성을 위한 것이라는 통념을 만들어 냈다.

조선 후기에는 전국 곳곳에 수백 개의 서원이 생겨 온갖 비리를 저지르는 온상이 되었다. 서원은 본래 유교의 성인들에게 제사를 지내고 유생들이 학문을 배우던 곳이었다. 하지만 차츰 지방 관리와 백성에게 갖가지 이유를 내세워 재물을 뜯어내는 기관으로 자리 잡았다. 이 때문에 백성뿐만 아니라 지방관조차 서원의 횡포를 두려워했다.

일찍이 서원의 횡포를 잘 알고 있던 대원군은 유생들의 강력한 반대를 무릅쓰고 국가로부터 정식으로 인정받은 47개의 사액서원(조선시대 국왕으로부터 서원 이름에 새겨진 현판과 노비 · 서적 등을 받은 서원)

을 제외하고 나머지 서원은 모두 철폐시켰다.

대원군이 이렇게 집권한 후 추진한 서원 철폐 등 여러 일들은 진정 백성을 위한 조치로 인정받고 있는 실정이다. 한편, 그는 생존 당시 백성 등의 지지를 받은 적도 있었다. 예를 들면 임오군란[*] 이 일어났을 때 민씨 정권에 반발했던 구식 군인들은 권력의 중심에서 물러났던 대원군을 다시 추대하려고 했다. 동학농민운동이 일어났을 때도 농민군 지도부는 대원군이 다시 집권할 것을 요구했다. 이처럼 대원군은 실제 농민 등 일반 백성의 지지를 받고 있었기 때문에, 백성의 지도자로서의 자격을 충분히 지니고 있는 것처럼 보인다.

홍선대원군 이하응은 진정으로 백성의 이익을 대변하는 지도자였을까?

대원군 이하응은 국왕 고종을 대신해 1864년부터 1894년까지

---

[*] 임오군란은 표면상 1881년(고종 18) 개화 정책의 일환으로 창설된 신식 군대인 별기군(別技軍)이 특별히 우대받았던 반면에 구식 군대에 대한 정부의 극심한 차별 대우 때문에 일어났다. 1882년 임오군란 당시 구식 군인의 녹봉이 13개월이나 밀려 있어 이들의 불만은 대단하였다. 이때 1개월치 급료를 지급하였는데, 그마저 겨와 모래가 섞인 쌀을 지급하자 군인들이 소요를 일으켰고, 평소 민씨 정권의 부정부패로 생활 기반이 파탄난 서울의 빈민들이 가세하면서 대규모 폭동으로 발전하였다. 이를 계기로 대원군이 정권을 다시 잡았다.

30년 동안 세 차례나 최고 권력을 누렸던 인물이다. 국왕은 아니었지만 국왕의 아버지로서 조선 왕조를 사실상 통치했던 것이다. 그는 1864년부터 1873년까지 10년 동안 첫 번째로 조선을 통치했다. 그리고 1882년 임오군란이 일어난 뒤에 한 달 동안, 갑오경장이 일어난 1894년에는 네 달 동안 각각 집권했다.

대원군, 집권에 성공하다

대원군은 1820년(순조 20)에 태어났다. 그는 열두 살에 어머니를 잃은 데 이어 열일곱 살에는 아버지마저 여의고 불우한 청년 시절을 보내게 되었다. 그 뒤 스물세 살 되던 1843년(헌종 9)에는 '흥선군'으로 봉해졌다.

당시 흥선군은 왕위에 오를 수 있는 얼마 남지 않은 왕족 중 한 사람이었다. 하지만 안동 김씨의 세도정치*가 한창인 때여서 왕족이라도 기를 펴지 못했다. 그러면서도 언젠가 자신에게 좋은 기회가 찾아올 것이라는 믿음이 있었다.

* 왕실의 근친이나 신하가 강력한 권세를 잡고 온갖 정사(政事)를 마음대로 하는 정치. 조선 정조 때 홍국영에서 비롯하여 순조·헌종·철종의 3대 60여 년 동안 왕의 외척인 안동 김씨, 풍양 조씨 가문에 의하여 이루어졌다.

흥선대원군 이하응 영정
관복인 조복을 입은 모습으로 나라의 대사, 경축일, 원단, 동지 그리고
조칙을 반포할 때나 진표할 때에 입었다.(국립중앙박물관 소장)

흥선군은 먼 훗날의 일을 준비하면서도 안동 김씨에게 짓밟히는 것을 가장 경계했다. 그러기 위해서는 권력자들이 자신에 대해 경계심을 갖지 않도록 해야만 했다. 그러면서도 그는 두 딸을 안동 김씨와 맞수였던 풍양 조씨 집안으로 시집 보내 앞날을 준비하고 있었다.

안동 김씨는 헌종이 세상을 떠나자 철종을 왕위에 앉혔다. '강화 도령'으로 유명한 철종은 왕족 출신이기는 했지만 왕이 될 만한 인물은 아니었다. 그 집안이 오랫동안 강화도에서 유배생활을 했던 터라 왕실의 예법은커녕 학문조차 제대로 익히지 못했다. 철종은 안동 김씨의 뜻대로 움직이는 허수아비 임금이었다.

철종이 즉위한 뒤 안동 김씨의 세도는 하늘을 찌를 듯했다. 그 틈을 타고 관리들의 부정부패가 심해져 전국 곳곳에서 민란이 그칠 날이 없었다. 안동 김씨의 맞수였던 풍양 조씨 가문은 철종이 즉위한 뒤 세력을 크게 잃었다. 그렇지만 궁중의 최고 어른이었던 신정왕후 조씨 (조 대비)를 중심으로 기회를 엿보고 있었다.

언젠가는 최고 권력자가 되어 왕권을 바로 잡겠다는 흥선군과 안동 김씨 세력을 무너뜨리려는 조 대비의 뜻은 잘 맞아떨어졌다. 철종이 오랫동안 시름시름 앓게 되자 흥선군과 조 대비는 흥선군의 둘째 아들 명복을 즉위시키기로 했다고 한다. 그 비밀 약

속은 1863년 12월, 철종이 승하하자 곧바로 지켜졌다.

이 과정에서 조 대비의 적대감을 충분히 파악하고 있었던 안동 김씨 세력의 두드러진 반발이 없었다는 것은 의문이다. 그런데 통설과는 달리 구한말의 애국지사인 황현의 『매천야록梅泉野綠』* 에 따르면, 고종의 등극은 철종의 유지遺志와 당시 세도가였던 안동 김씨, 특히 김병학·김병국 형제의 적극적인 지원에 힘입어 가능하였다고 한다. 집권 후 대원군이 이들 형제를 중용한 것으로 보아 황현의 견해는 타당한 것으로 보인다.

실제 종친부 유사당상인 대원군은 1860년(철종 11) 경평군 삭적削籍 문제로 종친과 안동 김씨 세력이 대립했을 때 중재에 나서 안동 김씨 측의 명분을 살려주면서 종친부의 실리를 챙겼던 적이 있다. 경평군(1832~1895)은 종친으로 1861년에 김좌근 등 안동 김씨의 세도를 비난하다가 종친과 안동 김씨 간의 대립을 일으켰고 성 밖으로 쫓겨났다. 그 후 다시 탄핵을 받아 종친부의 속적屬籍이 끊겼고 경평군의 작호가 환수됨과 동시에 유배당하였다. 고종이 즉위하면서 흥선대원군에 의하여 유배에서 풀려나고, 1865년(고

---

* 1864년(고종 1)부터 1910년(순종 4)까지 황현이 기록한 47년간의 역사책으로 흥선대원군의 집정, 혼란한 정국, 변천하는 사회상, 내정과 외교의 중요한 사실, 국권피탈까지 빠짐없이 시대 순으로 기록하였다.

종2)에 대비 조씨의 명에 따라 종정경에 임명되었다.

따라서 안동 김씨로선 조 대비와 극단적인 대립을 피하면서도 자신들의 세력 기반에 큰 타격을 입지 않게 해줄 수 있는 인물로 대원군을 상정할 수 있었을 것이다. 또 조 대비로서도 당시 자신이 정치 기반으로 삼을 수 있는 인물로는 친정 조카인 조영하, 조성하 정도였다.

때문에 풍양 조씨와 안동 김씨 세력과의 세력 균형을 유지해줄 수 있는 대원군의 역할을 기대할 수 있었을 것이다. 결국 대원군의 집권은 어느 특정 가문이 아니라 철종의 유지와 당시 양대 세도가였던 안동 김씨와 풍양 조씨의 합의 아래 이루어진 것으로 보아야 할 것이다.

당시 새 국왕(고종)은 열두 살밖에 안 되었다. 조선 왕조에서는 임금의 나이가 어릴 경우 왕실 최고 어른인 대비(왕의 어머니) 또는 대왕대비(왕의 할머니)가 수렴청정을 하도록 되어 있었다.

고종은 나이도 어린 데다 국왕으로서 자질을 갖추기 위한 교육과 왕실의 법도를 미처 익히지 못했기에 당연히 조 대비가 수렴청정을 해야만 했다. 하지만 조 대비는 얼마 후 자신의 역할을 고종의 아버지인 흥선군에게 맡긴다고 발표했다. 이에 따라 흥선군은 오랫동안 속으로 키워왔던 야망을 펼칠 수 있게 되었다.

흥선군은 고종이 즉위한 뒤 '왕실 가문 중 국왕이 된 사람의 아버지' 라는 뜻의 대원군으로 불리게 되었다. 조선시대에는 대원군이 몇 명 있었는데 그 중 흥선대원군이 가장 대표적인 인물로 손꼽히고 있다.

대원군은 고종이 태어나 자랐던 운현궁에서 모든 나랏일을 도맡아 처리했다. 운현궁과 창덕궁 사이에는 대원군만 드나들 수 있는 '공근문' 이라는 작은 문이 있었다. 또 그 옆에는 국왕인 고종만 드나들 수 있는 '경근문' 도 만들어졌다.

이렇게 고종과 대원군이 서로 다른 문을 이용했던 것은 대원군이 국왕인 아들과 직접 만나는 일을 피하기 위해서였다. 마찬가지 이유로 대원군은 웬만한 일은 모두 운현궁에서 보았다. 그렇기에 운현궁은 1873년, 대원군이 권력을 잃기 전까지 조선 정치의 중심지 구실을 했다.

대원군과 함여유신

자연스럽게 운현궁은 고종이 친히 국정을 단행하기 전까지 10년 동안 정치의 중심지가 되었다. 이곳에서 대원군은 '함여유신咸與維新' 이라는 모토로 각종 정책 수단을 동원하여 실추된 왕실의 권위를 회복하고 왕권을 강화하는 데 주력하였다.

대원군이 집권했을 때 조선 왕조는 총체적 위기에 직면해 있었다. 대원군 집권 1년 전인 1862년(철종 13)에 삼남지방을 중심으로 일어난 농민 반란은 조선 왕조의 존립 자체를 위협했다.

그러나 당시 벼슬아치들은 이런 상황에 적절히 대응할 능력도 없었고, 더구나 문제 해결을 위해 자신들의 기득권을 일부라도 양보할 의사가 전혀 없었다. 이처럼 당시는 집권층과 백성들 사이에 왕조의 운명을 건 한판 승부가 진행되고 있었던 것이다. 이때 등장한 인물이 바로 대원군이었다.

이러한 위기 상황에서 왕조의 소생을 위해서는 권위를 나타내는 새로운 상징이 필요했다. 대원군은 이런 목적을 위해 엄청난 경비가 드는 거대한 토목 공사 계획을 추진했다. 이 계획에는 궁전을 새로 세우는 것뿐만 아니라 정부의 건물을 수리하는 것도 포함되어 있었다.

조선 왕조 초기의 중앙 정치 기구는 국왕 아래 의정부가 있었으며, 그 밑에 육조를 설치하여 행정을 나누어 맡게 했다. 군사 기구로는 삼군부가 있었다.

대원군이 집권할 즈음에 모든 권력은 비변사에 집중되어 있었다. 비변사는 원래 명종 때 설치된 군령 기관이었는데, 임진왜란을 거치면서 의정부와 육조의 업무마저 흡수하여 정권과 병권을 통합한 최고 권력기관으로 성장했다. 특히 세도정치 시기의 외척 세력은 비변사의 책임자(제조 당상)로 취임하여 군사력을 통제함과 더불어 재정과 인사권마저 총괄했다.

대원군은 이런 비변사를 폐지하고 의정부와 육조의 기능을 회복해서 건국 초처럼 왕권을 회복시켰다. 또한 그는 삼군부를 다시 설치하여 정치와 군사를 분리시켰다. 삼군부란 조선 초기에 군사 업무를 총괄하던 기구였다. 지금의 국방부와 비슷한 역할을 했던 삼군부는 1466년(세조 12)에 오위도총부로 바뀌었고 임진왜란 후에는 다시 5군영으로 바뀌었다.

5군영은 서울과 그 외곽 지역을 방어하기 위해 설치된 5개의 군영으로, 훈련도감·어영청·총융청·금위영·수어청이다. 이 중 훈련도감·어영청·금위영은 도성을 직접 방어하는 군영이며, 총융청·수어청은 서울의 외곽을 방어했다. 세도정치 시기 안동 김씨 등 외척 출신의 문신들이 5군영의 우두머리를 독점하다시피 했다. 이는 5군영이 사실상 그들의 무력 기반으로 기능했다는 것이다.

따라서 대원군은 삼군부를 복원해 그 동안 차별 대우를 받던 무신의 지위를 높여주었으며 자신의 무력 기반으로 삼았다. 실제

대원군 집권 기간 동안 4군영(훈련대장·금위대장·어영대장·총융사)의 최고위직은 무신만으로 임명되었으며, 종래 문신들이 독점해 오던 병조판서도 문신과 무신이 번갈아 임명되었다.

대원군은 이렇게 왕조의 옛 위엄에 대해 애착을 갖고 왕조 초기의 제도를 부흥시켰다. 그가 행정을 부분적으로 개편함에 따라 의정부는 기능을 재확립했고, 삼군부는 부흥했으며, 종친부(왕족을 위해 설치한 관아)는 지위가 격상되었다. 그리고 그는 이들 관아의 건물을 수리하고 증축하라는 지시도 내렸다.

경복궁 중건, 왕실의 권위 회복

무엇보다도 대원군의 가장 야심찬 기획은 1865년에 명령한 경복궁의 중건이었다. 그의 경복궁 중건 목적은 명목상의 섭정이었던 조 대비 이름으로 발표된 중건 교서(敎書 : 왕이 신하, 백성, 관청 등에 내리던 문서)에 잘 나타나 있다. 그 대략은 이러하다.

경복궁은 한양으로 수도를 정함과 동시에 왕궁이었고, 그 규모와 외관이 웅대하고 장려하여 법도와 규칙이 바르게 시행된 곳이다. 그런데 불행하게도 왜란으로 불타서 아직 중건하지 못하여 뜻 있는 인사들이 개탄해 왔다. 익조와 헌종이 중건의 뜻을 갖고 있었으나, 그 유지가 이루어지지 않아 지금까지 숙원으로 남아있다. 따라서 이 사업은 역대 왕들의 뜻을 계승하는 일일 뿐 아니라 백성의 복과 나라의 영원한 근본이 이에 있기 때문에, 경복궁을 중건하여 왕실의 중흥대업을 이룩하려 한다.

경복궁 재건 사업은 궁성 축조, 안채內殿 건축에 이어 바깥채外殿 건축 등의 순서로 진행되었는데, 이 기간 동안에 약 41만 9천 평방미터에 330개에 이르는 대소 전각과 부속 건물을 갖추어 명실상부하게 법궁의 규모와 위엄을 갖추게 되었다.

이와 함께 경복궁의 남쪽에는 정문인 광화문을, 동쪽에는 건춘문을, 서쪽에는 영추문을, 북쪽에는 신무문을 배치하였고, 광화문 벽의 동·서쪽에는 누각을 세웠다.

이렇게 대원군은 유생들의 심한 반대 속에서도 1865년(고종 2) 4월부터 경복궁 중건 사업을 시작해 1868년 7월에 완성시켰다. 이 밖에도 의정부와 종친부, 육조를 비롯한 여러 관청을 새로 지었고 도성과 북한산성을 보수하여 서울을 눈부시게 바꿔놓았다.

사실 역대 국왕들도 이런 사업을 펼치려고 했지만 재정 문제 때문에 손을 쓸 수가 없었다. 조선 초에 경복궁을 완성하는 데는 약 40년이 걸렸지만 대원군은 40개월 만에 경복궁을 중건했다.

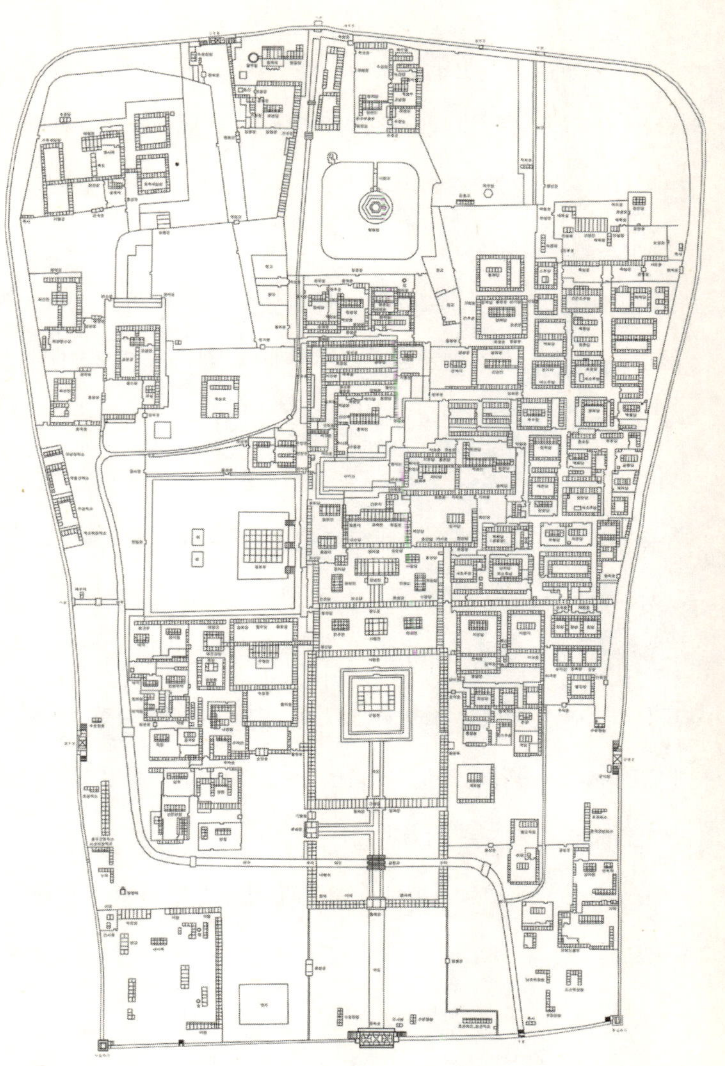

북궐도형

경복궁의 평면배치도로 1865년(고종 2) 흥선대원군이 중건한 뒤인 19세기 말에 제작된 것으로 추정된다. 북궐은 경복궁의 별칭이다.(서울대학교 규장각한국학연구원 소장)

더구나 이 무렵에는 서구 열강의 개항 요구와 함께 병인양요[*] 등 외국의 침략이 겹치던 때였으니 대원군이 경복궁을 중건하는 데 얼마나 힘을 기울였는지 짐작할 수 있다. 그만큼 그는 왕실의 권위를 되찾겠다는 신념이 매우 강했던 것이다.

이렇게 대원군의 최우선적인 관심은 왕실과 왕조를 중흥시키는 데에 있었다. 그는 조선 왕조 사상 가장 큰 자금을 조달해 그 목적을 달성했다.

실제 1872년 경복궁 중건을 담당한 부서인 영건도감은 원납전의 총액을 보고했는데, 그 액수는 천문학적이다. 현금만 보더라도 왕실에서 11만 냥, 왕족들이 약 34만 냥, 그 밖의 사람들이 7백만 냥 이상을 냈다. 해마다 현금으로 납부하는 조세가 대략 10만에서 50만 냥이라는 사실을 고려할 경우 이것은 엄청난 액수이다. 말이 좋아 자원해서 납부하는 돈(원납전)이라 했지만 대부분 강요에 의해 기부가 이루어졌다.

이로써 대원군은 불가피하게 재정과 조세의 영역에서 보완조치를 취해야 했다. 대원군은 그가 권좌에 오른 1864년에 서로 대립

[*] 대원군의 가톨릭 탄압으로 1866년(고종 3)에 프랑스 함대가 강화도를 침범한 사건. 병인박해 때 중국으로 탈출한 리델 신부가 천진에 와 있던 로즈 제독에게 진상을 보고함으로써 일어났는데, 프랑스 함대는 약 40일 만에 물러났다.

되는 요구에 직면하게 되었다. 정부는 보다 많은 세금 징수가 필요했고, 농민은 자신들의 빈곤과 세금 부담을 줄여주기를 바랐으며, 토지를 독점한 양반들은 현재의 상황을 바꾸는 데 반발했다.

양반들은 이렇게 토지를 독점했음에도 불법적으로 양안에 올리지 안았다. 예컨대 1769년(영조 43)까지 토지대장에 오른 세금 징수가 가능한 토지는 131만 결이었지만, 이 중 단지 80만 결에 대해서만 과세했는데, 이는 임진왜란이 끝나고 150년이 지난 후에도 정부의 세금 징수 대상의 토지가 여전히 전쟁 전의 170만 결 수준에 이르지 못했다는 것이다.

또한 불공평한 조세 구조도 정부의 세입 기반을 침식했고 그 부담의 대부분은 농민에게 전가되었다. 그 이유는 양반 지주가 대부분 소유한 비옥하고 생산성이 높은 토지에는 세금이 적게 책정된 데 있었다. 당시에는 토지의 생산성을 고려하지 않은 채 일률적으로 1결당 100두를 징수했다.

대원군의 개혁, 미봉에 그치다

조선 후기에는 토지에 대하여 세 종류의 세금을 징수하고 있었다. 먼저 순수한 의미의 토지세로서 여기에는 상대적으로 낮은 결당 4두의 낮은 세율이 적용되었다. 다음은 결당 12두를 부과하는 대동미, 끝으로 녹봉이 없는 아전들에게 주는 인정세를 포함한 각종 부가세 등이 그것인데, 법제상으로는 총 토지세 결당 20여 두 정도였다. 하지만 『만기요람』에 따르면 실제로 결당 100두이고, 이는 학계의 통설이기도 하다.

일제 시대의 한 조사에 따르면, 1결당 산출량은 가장 척박한 토지의 150두로부터 가장 좋은 땅의 900두에 이르기까지 실제의 토지 세율은 가장 비옥한 땅의, 11%에서 가장 좋지 않은 토지의 76%까지 각기 달랐던 것이다. 이 수치는 극단적인 사례일지 모르지만 대부분의 학자들도 그 대세는 대체로 인정하고 있다.

이렇게 조선 후기에는 정부 재정에서 가장 큰 비중을 차지한 토지세의 징수 대상이 크게 줄어들었다. 이와 함께 수확량이 많거나 적거나 똑같이 세금을 징수하는 불공평한 조세 구조로 좋은 토지를 가진 양반층이 큰 혜택을 입는 반면에, 나쁜 땅을 가진 농민들은 많은 피해를 보고 있는 실정이었다.

그러나 대원군이 집권한 후 토지세의 징수 대상 확대를 위한 양전을 실시한 토지는 그 범위가 제한되어 있었다. 아울러 불평등한 조세 구조를 완화시킬 필요가 절박했음에도 당시 추진한 조치는 고작 또 다른 부가세를 추가로 징수하는 데 그쳤다.

예컨대 1871년 미국의 침입 이후 강화도의 새로운 포군砲軍의 소요 경비를 마련할 목적으로 '포량비砲糧米'라고 불리는 세금을 징수했다. 또한 결두전이라고 부르는 또 다른 부가세는 경복궁 중건에 필요한 경비를 마련하기 위해 도입되었다.

하지만 이러한 대원군의 새로운 부가세 도입 조치만으로는 농민의 빈곤 문제를 해결할 수 없었다. 토지세와 부가세 그리고 여러 잡다한 세금은 농민 빈궁의 주요한 요인이었는데, 새로운 세금제도는 오히려 이전의 불평등한 조세 구조를 도리어 강화했기 때문이다.

이렇게 대원군이 집권한 후 여러 조치를 펼친 가장 큰 목적은 따로 있었다. 그것은 백성을 위한 것이 아니라 바로 왕실의 권위를 높이고 왕권을 강화하려는 데 있었다. 물론 대원군은 백성들의 원망 대상인 서원 철폐를 비롯하여 백성들의 피해를 완화시키려는 조치들도 추진했다.

예컨대 대원군은 능력 있는 인재를 등용해 중요한 임무를 맡기는 대신 무능하거나 부패한 관리에 대해서는 엄하게 처벌하여 백성들의 피해를 줄이려고 했다.

또한 삼정* 가운데 가장 문란해진 것으로 지목된 환곡을 폐지하는 대신에 사창(각 지방 군현의 촌락에 설치된 곡물 대여 기관)을 설치하

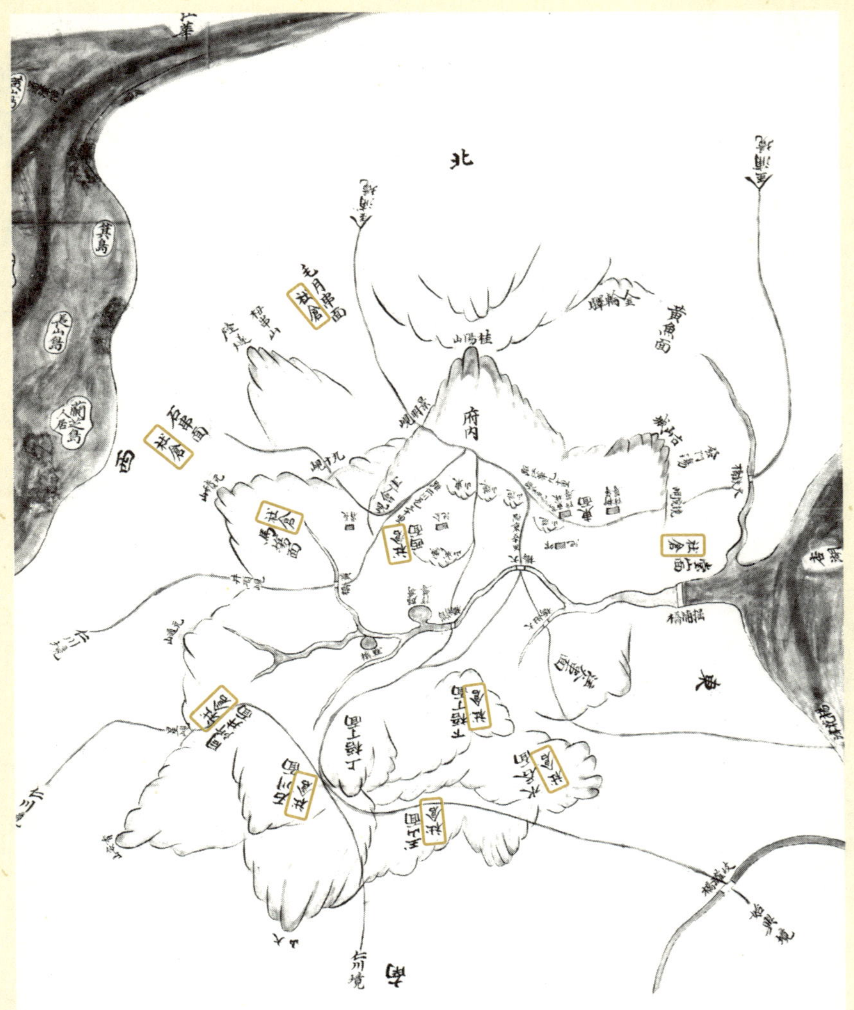

부평부지도(富平府地圖)에 보이는 사창 표시

지도에 사창(社倉) 표시가 빠지지 않는 것은 대원군의 명에 의해 만들어진 읍지도의 성격을 잘 말해주고 있다. 대원군이 환곡 폐해를 제거하기 위해 사창을 1867년(고종 4)에 만들었고, 「사창절목」을 지어서 17개 사창 운영 조목과 곡식 보관 창고를 짓는 법을 기록하였다. (서울대학교 규장각 한국학연구원 소장)

여 이전 제도의 폐단을 없애려고도 했다. 즉 주민들이 면 단위로 그 우두머리를 뽑아 사창을 스스로 운영하고 관리하게 하여 지방관과 서리들의 불법행위를 차단시키려고 했다. 그러나 대원군의 이러한 환곡 개혁 조치는 미봉책에 불과했다.

환곡은 본래 농민의 구휼과 복지에 기여해야 하는 제도로 도입되었으나 농민을 착취하는 것으로 변질되었다. 그 결과 환곡 제도는 1862년 임술민란의 주된 원인이 되었다.

임술민란은 1862년(철종 13) 2월 4일 경상도 지리산 기슭에 위치한 벽지인 단성에서 처음 일어났다. 그 뒤 열흘 만에 이웃 진주에서 봉기가 발생했는데, 그 참여자가 무려 수만 명에 이를 정도로 대규모였다. 따라서 임술민란하면 바로 진주민란을 떠올릴 정도로 그 대표적인 사건이었다. 그 동안 학계에선 이 해의 간지干支가 임술壬戌이기에 이때 일어난 일련의 민란을 '임술민란'이라 지칭해 왔다.

이렇게 경상도에서 시작된 민란은 곧 전국적으로 확산되어 나

---

* 삼정은 전정(조선 후기 토지에 부과되던 모든 조세를 일괄하여 징수하는 제도) · 군정(군의 행정 및 재정 제도) · 환정(환곡 : 국가에서 춘궁기에 곡식을 백성에게 빌려주고, 가을 추수 뒤에 거두어들이던 제도)의 세 가지를 일컫는 것으로 나라가 거둬들이는 조세 제도를 말한다.

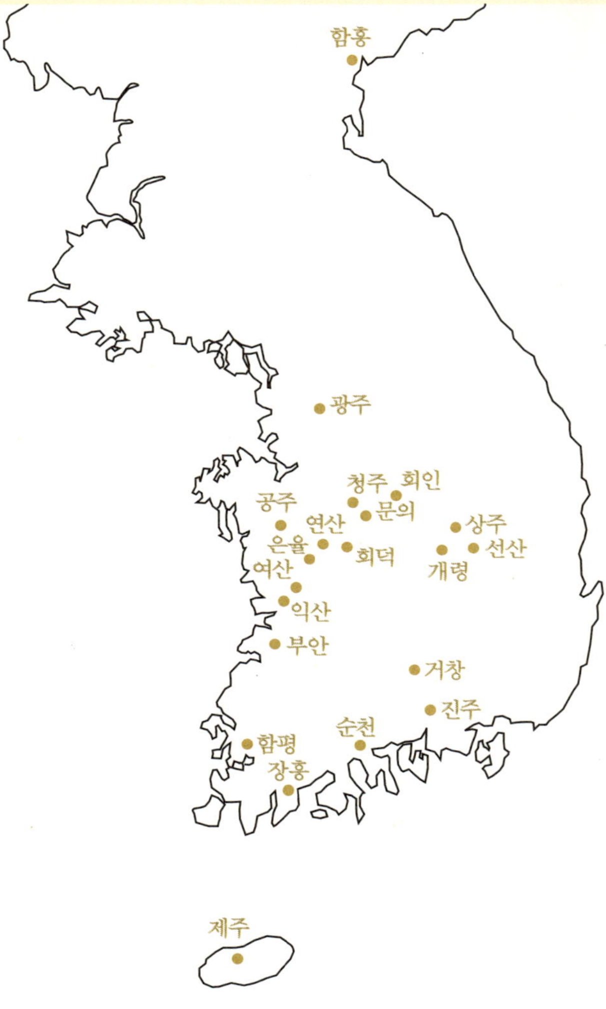

1862년 임술민란 주요 발생 지역

1862년(철종 13)에 적극적으로 일어난 농민 반란으로 삼정 중 특히 환곡의 문란과 관리들의 토색질이 직접적인 도화선이다. 2월 4일 경상도 단성을 시작으로 그해 말까지 전국적으로 71개 고을에서 발생하였다. 한번 발생하면 2~7일간 계속되었고, 민란이 3~5월 춘궁기에 집중되어 있어서 농민들의 생존과 직결되어 있음을 알 수 있다. 봉기민의 숫자는 수천에서 수만 명에 이르는 대규모 민란이었다.

갔다. 전라도에선 4월 말과 5월 초에, 충청도에서는 5월에 집중적으로 발생했다. 9월부턴 제주에서 민란이 일어났고, 10월에 와선 경기도 광주, 함경도 함흥 등에서 발생했다. 이 같은 민란은 그해 말까지 지속되었다. 현재 학계에 보고된 민란 발생 고을 만해도 71곳이나 된다.

이런 임술민란이 일어난 그 이듬해인 1863년에 집권한 대원군에게 농민 반란을 예방하기 위해 가장 시급히 해결해야 할 일이 바로 환곡 문제이었다. 그는 억지로 맡기는 환곡, 부패한 행정, 허락받지 않은 채 시행한 고리대로 인해 빚어진 농민의 불만을 해소하는 데 초점을 맞추었다. 대원군은 빚을 탕감하고 사창을 도입하여 환곡의 운영 책임을 지방관으로부터 지방의 유지들에게 이관해 행정 부정을 차단시키려고 했다.

그러나 대원군은 환곡 폐단의 근본적인 원인을 제거하지 못했다. 그는 재정 수입을 위해 농민에게 대부하여 그 이자를 활용하는 일은 폐지하지 않았다. 그것은 대원군이 토지를 독점하고 있던 양반 지주들의 격렬한 반발을 우려하여 토지세 인상이 아니라, 환곡의 이자로 정부의 부족한 재정을 보충하려 했기 때문이다. 이로써 그는 환곡 폐단의 근본적인 문제, 대부와 이에 따른 고리대 문제를 해결하는 데 실패했다.

아무튼 대원군은 환곡의 폐해를 해소하려고 하는 등 나름대로 백성들의 염원을 반영하는 조치들을 어느 정도는 추진했다. 하지만 국가 재정의 핵심 부분인 토지세와 관련된 구조적 폐단을 그저 미봉하려는 것에서 알 수 있듯이, 그가 추진한 여러 일들의 1차 목적은 왕실의 권위를 높이고 왕권을 강화하는 데 있었다. 대원군이 무리하게 경복궁을 중건한 것이 그 대표적인 사례일 것이다.

대원군의 이런 의도는 왕족 우대 정책에서도 단적으로 나타난다. 그는 우선 집권하자마자 과거에 부당하게 처벌받은 왕족들을 조사한 후 18명의 대군들에 대해 관직과 관계를 추증하도록 했다.

왕족 성원을 위한 가장 중요한 사업으로 이들만을 대상으로 하는 특별 시험제도를 만들어 시행하기도 했다. 이와 함께 1867년에는 국왕 직계의 첫 2세대를 제외한 모든 왕족들이 문과 시험에 응시할 수 있는 조치도 내렸다. 그 전까지는 국왕으로부터 4세대 안에 속하는 모든 왕족은 과거에 응시할 수 있는 자격이 없었다.

이런 조치들은 말할 것도 없이 자손만대에 이르도록 왕실 직계 후손을 보살피려는 조치였다. 그 결과 1870년대 초반에는 고위 관료 중 왕실 가문인 전주 이씨의 숫자가 당시 최고의 가문인 안동 김씨와 맞먹을 정도로 늘어났다.

참고문헌

- 『고종실록』
- 『만기요람』
- 『매천야록』

- 성대경, 「대원군정권의 과거운영」, 『대동문화연구』 19, 1985.
- 연갑수, 「대원군과 서양」, 『역사비평』 50, 2000
- 제임스 팔레저·이훈상 역, 『전통한국의 정치와 정책』, 신원, 1996.
- 한우근, 「대원군의 세원확장책의 일단-고종조 동포·호포제실시와 그 후폐」, 『김재원박사회갑기념논총』, 을유문화사, 1969.